essentials

Timo Grund · Avo Schönbohm · Khai Tran

Unternehmensplanung im Zeitalter der Digitalisierung

Ansätze und Erfolgsfaktoren in der Praxis

Timo Grund
The Boston Consulting Group
München, Deutschland

Khai Tran
Valsight GmbH
Berlin, Deutschland

Avo Schönbohm
Hochschule für Wirtschaft und Recht
Berlin, Deutschland

ISSN 2197-6708 ISSN 2197-6716 (electronic)
essentials
ISBN 978-3-658-29928-6 ISBN 978-3-658-29929-3 (eBook)
https://doi.org/10.1007/978-3-658-29929-3

Die Deutsche Nationalbibliothek verzeichnet diese Publikation in der Deutschen Nationalbibliografie; detaillierte bibliografische Daten sind im Internet über http://dnb.d-nb.de abrufbar.

Planung/Lektorat: Vivien Bender
Springer Gabler ist ein Imprint der eingetragenen Gesellschaft Springer Fachmedien Wiesbaden GmbH und ist ein Teil von Springer Nature.
Die Anschrift der Gesellschaft ist: Abraham-Lincoln-Str. 46, 65189 Wiesbaden, Germany

Was Sie in diesem *essential* finden können

- Unternehmensplanung im 21. Jahrhundert – Wie muss die Unternehmensplanung angesichts erhöhter Unsicherheiten angepasst werden?
- Betriebswirtschaftliche Planung in der Reflexion – Welche Grundlagen müssen Unternehmen bei der Weiterentwicklung der Planung berücksichtigen?
- Bessere Planung durch neue Technologien – Können neue Technologien eine bessere Planung ermöglichen? Wenn ja, wie?
- Eine Diskussion mit der Praxis – Wie blicken Experten aus der Praxis auf aktuelle Herausforderungen und Chancen in der Unternehmensplanung?

Inhaltsverzeichnis

Einleitung – Unternehmensplanung im 21. Jahrhundert

1

In Zeiten zunehmender Volatilität und Dynamik sehen sich Unternehmen unterschiedlicher Industrien mit signifikanten Herausforderungen konfrontiert. Die Arithmetik der externen Rahmenbedingungen verschiebt sich, neue Geschäftsmodelle und Wettbewerber verlangen maximale (Re-)Aktionsgeschwindigkeit, geopolitische Unsicherheiten erschüttern bisherige Gewissheiten. Damit Unternehmen dennoch erfolgreich bleiben, müssen sich auch die Finanzorganisationen und CFOs neuer Rollen annehmen.

Retrospektive Berichterstattung oder das Durchführen detaillierter Soll-Ist-Analysen werden auch weiterhin elementare Aufgaben der Finanzfunktion sein. Jedoch geht die Relevanz dieser Aktivitäten zurück, während die Bedeutung vorausschauender Finanzanalyse und prospektiver Planung zunimmt. Entsprechend differenzieren sich fortschrittliche Finanzfunktionen heutzutage weniger über ihre Expertentätigkeiten wie externes Rechnungswesen, M&A oder Investor Relations, sondern vielmehr über ihre Exzellenz im Bereich wertsteigernder Aktivitäten, beispielsweise beim Forecasting oder der (digitalen) Datenanalyse (The Boston Consulting Group 2017, S. 1 ff.).

Neue Technologien sowie neue Formen der Zusammenarbeit und Kommunikation beschleunigen diesen Trend. Während stärker vorwärtsgewandte sowie zeit- und bedarfsgerechtere Analysen durch moderne Technologien überhaupt erst ermöglicht werden, erlauben neue Formen der Zusammenarbeit einen noch effektiveren Austausch von Daten und Prioritäten mit anderen Unternehmensteilen. Gleichzeitig wächst der Bedarf der operativen Einheiten von Unternehmen an Steuerung, Strukturhilfe und analysebasierten Impulsen. Die eingangs genannten Unsicherheiten, zumal vor dem Hintergrund einer sich eintrübenden Konjunktur, sorgen für eine neue Offenheit gegenüber Unterstützung und transparentem Austausch.

Doch selbst wenn Management und Mitarbeiter über die notwendige Bereitschaft verfügen, Bestehendes zu hinterfragen und Neues anzugehen, erweist sich der Alltag oft als Bremse. Ein Übermaß an Ad-hoc-Anfragen, zähe Prozesse und unklare Prioritäten im Spannungsfeld zwischen Wichtigkeit und Dringlichkeit erschweren in vielen Fällen den Weg hin zu Exzellenz in der Finanzfunktion.

Dieses Spannungsfeld möchten wir im vorliegenden Beitrag näher beleuchten. Den Rahmen bildet dabei eine Verknüpfung von Theorie und Praxis. Sie verdeutlicht, dass die heutigen Finanzfunktionen auf ihrem Weg in die „Planung der Zukunft" oftmals noch eine Reihe von Herausforderungen adressieren müssen, zugleich aber einen neuen Instrumentenkasten zur Verfügung haben.

Einführend stellen wir aktuelle betriebswirtschaftliche Entwicklungen rund um die moderne Planung im Wandel der Zeit vor. Ein zweiter Abschnitt behandelt die Bedeutung von Software für den Planungsprozess von heute und in der Zukunft. Den abschließenden Teil bildet eine Diskussion mit vier Planungsexperten aus unterschiedlichen Industrien.

Betriebswirtschaftliche Planung in der Reflexion   2

2.1   Planung im Wandel der Zeit

Planung wird von vielen Managern als „unangenehmes Problem" wahrgenommen (Epstein et al. 2015, S. 89 ff.). Planung und Kontrolle, Rationalitätssicherung und Budgetierung gehören dabei zum Kern der betriebswirtschaftlichen Definitionswolke, die um das deutsche Wort „Controlling" schwebt. Der Pseudo-Anglizismus „Controlling" lebt geradezu von dem Mythos, es sei möglich, die Zukunft beherrschbar zu machen oder zumindest den legitimen Eindruck zu vermitteln, man habe die Zukunft fest im Griff (Schönbohm 2005a, S. 142 ff.). Planung in all ihren Facetten und Ausprägungen ist der Versuch, Unsicherheit in eine koordinierte Handlungsanweisung zu gießen, die einen definierten Ressourcen- und Zeitbezug hat. Abschn. 4.2. Dabei ist Planung keineswegs eine Erfindung der Neuzeit, sondern vermutlich so alt wie die menschliche Zivilisation: Es scheint einleuchtend, dass die Pyramiden vor 5000 Jahren oder die Kathedralen des Mittelalters nicht ohne Plan und Kontrolle gebaut wurden. In Planung ist dabei immer auch ein Stück Magie enthalten, ein Triumph des Willens über die Ungewissheit. Entsprechend sind die Methoden und Instrumente der Planung sozial aufgeladen (Schönbohm 2005b, S. 27 ff.). Der Erfolg eines Managers bemisst sich heute nicht nur an vergangenheitsorientierten Kennzahlen, er muss auch seine Pläne glaubhaft vermitteln und seine begründeten Ressourcenwünsche durchsetzen.

Ein handlungsorientierter Plan ist die Voraussetzung für zielorientiertes Arbeiten, eine performanceorientierte Kontrolle und ggf. ein zeitnahes Adjustieren der Maßnahmen und Methoden. Das gilt auch und gerade für mit großen Unsicherheiten behaftete Marktwelten – in Rezessionszeiten noch mehr als in der Hochkonjunktur. Der Mythos der Planung zeigt sich auch im moden-

T. Grund et al., *Unternehmensplanung im Zeitalter der Digitalisierung,* essentials, https://doi.org/10.1007/978-3-658-29929-3_2

haften Kommen und Gehen von Planungsansätzen (Kieser 1997, S. 49 ff.): Ob Budgetierung, Grenzplankostenrechnung, Forecasting, Balanced Scorecard, Beyond Budgeting, Zero-Based Budgeting, Activity-Based Budgeting, Entscheidungsbäume, Szenariotechniken, Realoptionen oder Agilität mit Scrum, OKRs („Objectives and Key Results") oder Campus-Konzepten: Alle Ansätze versprechen einen besseren Umgang mit der Dynamik und Komplexität der unternehmerischen Wirklichkeit. Alle versuchen stoisch, den *„Pudding der Unsicherheit"* (neudeutsch: *VUCA*) an die Wand zu nageln und so alle beteiligten Stakeholder von der Rationalität ihrer Unternehmensplanung und der *Sicherstellung des Unternehmenserfolgs* zu überzeugen. Alle paar Jahre wird wieder diskutiert, wie Planung aktuell aussehen könnte, und werden alte Ideen mit neuen Technologieangeboten durchmischt (Schäffer und Weber 2015, S. 3). Dabei gibt es nur wenige allgemeingültige Aussagen, die sich auf alle Unternehmensformen und Märkte anwenden lassen. Das macht konkrete Erfahrungsberichte einerseits so wertvoll, andererseits jedoch auch schwer generalisierbar. Planung steht sowohl in unternehmensinternen als auch –externen Kontexten – sie ist kontingent (Fisher 1995, S. 24).

Ziel dieses Kapitels ist es, einen kurzen Überblick über verschiedene betriebswirtschaftliche Aspekte der Planung zu geben. Hierbei sollen durch neue Blickwinkel Anregungen geboten werden, die jeweils eigene Planungswelt kritisch zu reflektieren und kreativ zu gestalten.

2.2   Planung in komplexen Systemen

In der betriebswirtschaftlichen Planung und Kontrolle als Ausdruck von systemischer Unternehmenskybernetik (Heylighen und Joslyn 2001, S. 155 ff.; Buchbinder 1978, S. 100 ff.), werden Unternehmen als ganzheitliche und komplexe Systeme verstanden. Planung setzt ein Ziel oder mehrere messbare Ziele (z. B. 10 % Umsatzwachstum und 15 % Gewinnsteigerung) für einen festgelegten Zeithorizont (z. B. 12 Monate oder 5 Jahre) voraus. Die Zielsetzung basiert dabei auf Ambitionen für und Annahmen über die Zukunft und ist das Resultat eines politischen und psychologischen Prozesses, auf den unterschiedliche Stakeholder-Gruppen einwirken. Dabei können auch nichtmonetäre Ziele zur Anwendung kommen (abhängig vom Geschäftsmodell z. B. Anzahl von Bestellungen, Churn-Rate, Mitarbeiterzufriedenheit oder CO_2-Reduktion). Die Planung ergreift diese Ziele und bricht sie auf einen handlungsorientierten Plan und ggf. Maßnahmen herunter, die im Plan subsummiert werden. Das Herunterbrechen setzt sich fort auf Zeit- (Monate), Funktions- (Vertrieb) und

Organisationsebene, ggf. bis hin zum einzelnen Individuum. Im Zeitverlauf wird dann ein Soll-Ist-Vergleich vorgenommen und analysiert, was nach Plan gelaufen ist und was nicht – und welche Ursachen es dafür gibt. Über ein (Nach-) Steuern erfolgt anschließend innerhalb der Planungsperiode der Versuch, die Zielerreichung dennoch über ein angepasstes Maßnahmenpaket sicherzustellen, zu dem etwa Überstunden, verschärfte Reisekostenrichtlinien oder die Verschiebung von Investitionen gehören können.

2.3 Planung im Kontext

Planung findet auf vielfältigen Ebenen und in jeweils konkreten Kontexten statt. Abb. 2.1.

Unternehmensgröße
Ein Start-up mit vier Mitarbeitern und ohne Fremdfinanzierung mag auf Zuruf und OKRs (Doerr 2018, S. 3 ff.) planen und flexibel mit den Ergebnissen umgehen. Ein weltweit produzierender Automobilkonzern mit hunderttausenden Mitarbeitern pflegt dagegen sehr aufwendige Planungsprozesse und exerziert diese entsprechend mit hunderten Controllingmitarbeitern durch.

Marktdynamik
Unterschiedliche Märkte mit unterschiedlichen Marktdynamiken benötigen unterschiedliche Planungsphilosophien. Kraftwerke zu verkaufen folgt einem anderen Zeithorizont und einer anderen Dynamik als das Verkaufen von Werbung und Juwelen in mobilen Handygames. In einigen Märkten lassen sich Einnahmen über Jahre im Vorfeld planen, während andere Märkte sich täglich neu entscheiden und flexibler Planungs- und Prognosemethoden bedürfen.

Stakeholder-Intensität
Ein wichtiger Faktor für die Planung ist die Intensität des Einflusses der Stakeholder auf den Planungsprozess Abschn. 4.3: Aktionäre üben (teilweise über aktivistische Investoren) einen sehr hohen Druck auf die Planung und die Quartalsberichterstattung von Aktiengesellschaften aus. Die Performance wird auch von außen sehr genau beobachtet – mit drastischen Folgen für das verantwortliche Management, falls es zu Gewinnwarnungen kommt. Aber auch Mitarbeiter, Nichtregierungsorganisationen und der Staat verfolgen z. B. die Performance im Nachhaltigkeitsbericht von Unternehmen und werden systematisch in die Zielbildungsprozesse eingebunden. Nicht zuletzt können Banken gerade

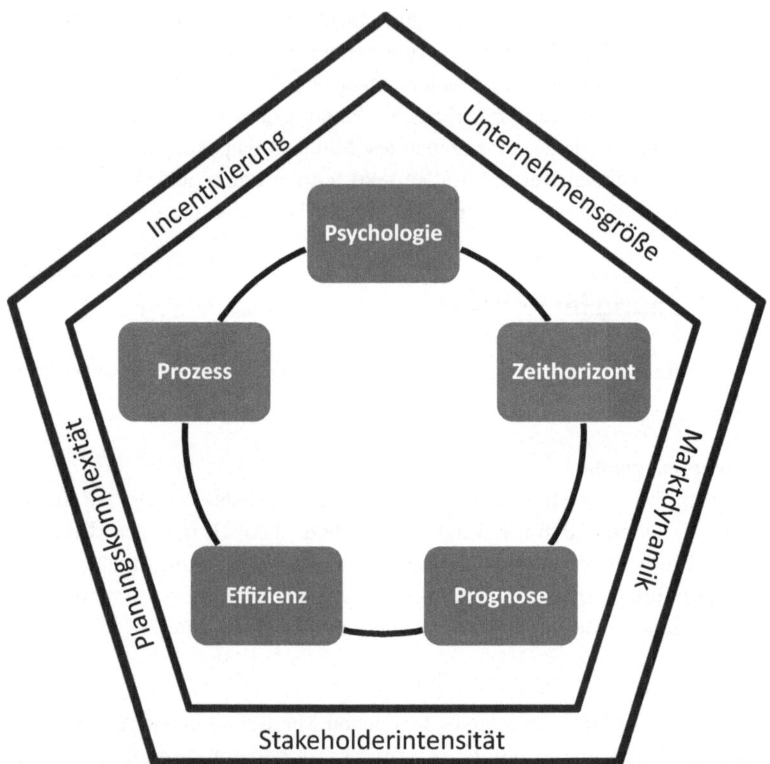

Abb. 2.1 Planung im Kontext. (Eigene Darstellung)

kriselnden Unternehmen sehr enge Planungszyklen auferlegen und durch Nicht-verlängerung oder Streichung von Kreditlinien existenziellen Druck aufbauen. An diesen vielfältigen Einflüssen wird insgesamt deutlich, dass der Planungsprozess auch ein interner und externer Kommunikationsprozess ist.

Planungskomplexität
Mit Planungskomplexität kann das Interagieren unterschiedlichster Komponenten und Agenten im Planungsprozess innerhalb und außerhalb eines Unternehmens erfasst werden (Fisher 1995, S. 24). Ab einem gewissen Grad an Komplexi-tät lässt sich der Prozess der Planung nicht mehr beherrschen, wenn z. B. ver-

schiedene Planer von unterschiedlichen (impliziten) Annahmen ausgehen oder Pläne vom Verhalten externer Teilnehmer (z. B. Kunden oder Zulieferer) abhängen, die jeweils eigenen Rationalitäten und Dynamiken folgen (müssen). Schnell führt der Gedanke der Planungskomplexität zu Demut, Risikomanagement, Simulationsplanung (Flath et al. 2015, S. 82 ff.) oder zu einem Planen, als ob es diese Komplexität einfach nicht gäbe. Die agile Planung (Van Assen et al. 2000, S. 16 ff.) ist ähnlich wie das Beyond Budgeting (Hope und Fraser 2003, S. 3 ff.) eine mögliche Antwort auf diese Herausforderungen.

Incentivierung

Nicht unproblematisch ist in diesem Zusammenhang auch die Verknüpfung der Planung mit Bonuszahlungen, also eine individuelle Incentivierung mit intendierter Motivationswirkung, die auf dem (nur eingeschränkt beherrschbaren) Plan bzw. dem Grad der Planerfüllung basiert. Obwohl negative Konsequenzen der Incentivierung bekannt sind (Ariely et al. 2009, S. 544 ff.; Lingnau und Dehne-Niemann 2015, S. 24 ff.), scheint dieses Instrument immer noch eine Rolle in der Unternehmenswirklichkeit zu spielen (Jensen 2001, S. 94 ff.). Im Rahmen der Beyond-Budgeting-Diskussion wurde dieser Zusammenhang besonders kritisiert. Hier wird eine Abkehr vom tayloristischen Organisationsmodell gefordert und ein „Arbeiten frei von Planung und Budgetsteuerung" propagiert (Pfläging 2015, S. 66 ff.). Abschn. 4.2

Der Raum für Planung ist sowohl theoretisch als auch praktisch weit ausgeleuchtet. Die Wahl des richtigen Planungsinstrumentariums im jeweiligen Umfeld scheint bei allen philosophischen Reflexionen eine zentrale Unternehmensentscheidung zu sein.

2.4 Spezifische Innenansichten der Planung

Im Folgenden sollen mit dem Streben nach mehr Effizienz und dem Umgang mit Unsicherheit besondere Aspekte der Planung fokussiert werden.

Zeithorizont

Das Ineinandergreifen von Planungshorizonten ist ein klassisches Thema. In einer idealen Vorstellung (industrieller Prägung) gibt es eine Langfristplanung von fünf Jahren, die auch strategische Planung genannt wird. Dieser Zeithorizont erlaubt die Integration von langfristigen Investitionsprojekten, d. h. die Planung der Strategieumsetzung. Gleichzeitig ist dieser Zeitraum mit großen Unsicherheiten behaftet (Müller 2019, S. 71 ff.), sodass hier Simulationsplanungen, Realoptions-Überlegungen, aber durchaus auch Bauchgefühlsentscheidungen gefragt sind. Insbesondere das Planen mit werttreiberbasierten Simulationen (Hagl et al. 2018, S. 24 ff.) kann die Planung – durch den Fokus auf die wesentlichen Einflussfaktoren des Geschäftsmodells und das *Denken in Szenarien* – erleichtern. Da neben den potenziellen Einnahmen und Erträgen auch die Kosten- und Auszahlungsseite, die potenziellen Risiken und die langfristigen Finanzierungspendants geplant werden müssen, um die Existenz des Unternehmens langfristig nicht zu gefährden, ist die (in der Regel jährlich anzupassende) langfristige Planung von strategischer, ja existenzieller Bedeutung für die Unternehmen. In die langfristige Planung hinein ragt der jährliche Budgetierungs- oder Planungsprozess und fügt sich idealerweise bruchlos ein. Sowohl Langfristplan als auch jährliche Budgets sind wichtige Instrumente der Kommunikation mit den Stakeholdern und haben einen Einfluss auf die Unternehmensbewertung. Insofern ist der reflektierte Umgang mit Unsicherheit von größter Bedeutung, da die verbindlichen Planzahlen in den unterschiedlichen Arenen ein eigenes politisches Leben entfalten können.

Prognose
Eine wichtige Ergänzung im Umgang mit Unsicherheit zur jährlichen Budgetierung stellt das (häufig auch rollierende) Forecasting dar (Becker und Goretzki 2015, S. 36 ff.). Das Ziel von Forecasts, also einer kurzfristigen Vorausschau, ist es, auf der Basis von unterjährigen Ist-Zahlen und verbesserter Zukunftsschau möglichst realitätsnahe *Prognosen* über die Zielerreichung (des Jahresendziels) zu liefern und daraus unterjährige Handlungsanweisungen abzuleiten.

Effizienz
Obgleich es ein ausdifferenziertes Instrumentarium gibt, um mit Unsicherheit umzugehen und zu planen, kommt dem Thema *Planungseffizienz* große Bedeutung zu. Jede Planungsroutine kostet Geld und bindet die Aufmerksamkeit und Arbeitszeit vieler Mitarbeiter (Mäder 2015, S. 8 ff.). Insofern ist es wichtig, Kosten und Nutzen der Planung auszutarieren. Die Digitalisierung bietet Chancen, zahlreiche Prozessschritte zu automatisieren, Annahmen digital zu plausibilisieren und dadurch zu verbessern und zu beschleunigen. Die entsprechenden Investitionen rechnen sich durch Zeitgewinne und insbesondere durch das Einpreisen von Kapazitätsreduktionen in den bestehenden Controllingabteilungen (Schäffer und Weber 2018, S. 4 ff.).

Prozess

Was den Prozess der Budgetierung betrifft, so besteht dieser aus mehreren politischen (Abstimmungs-)Prozessen, Datenverarbeitungsprozessen sowie (zumindest teilweise ebenfalls noch politischen) Kontrollprozessen. Zu Letzteren gehört es, Lösungen und Maßnahmen bei negativen Abweichungsanalysen zu finden. Begriffe wie ein autoritäres „Top-down", ein partizipatives „Bottom-up" (Abschn. 4.2) und ein ausgleichendes, dafür jedoch langwieriges „Gegenstromverfahren" für den Zielsetzungsprozess zeigen schon Konfliktpotenziale und Ineffizienzen auf. Interessant ist in diesem Zusammenhang, dass noch 2014 mehr als 40 % der Unternehmen für die Budgeterstellung über vier Monate benötigten und Excel für 37 % ein wesentliches Planungstool darstellte (Epstein et al. 2015, S. 89 ff.). Mit zunehmender Digitalisierung lassen sich auch die Review- und Forecasting-Prozesse automatisieren und ihre Prognosekraft steigern (Cabello Eras et al. 2016, S. X). Versuche, die Planungsprozesse radikal neu zu denken, können z. B. in Campus-Konzepten umgesetzt werden (Ehlken und Neumann-Giesen 2015, S. 48 ff.). Diese bringen in sehr kondensierter und interaktiver Form Menschen zusammen, die innerhalb von vier Wochen mit einem abgestimmten Plan aus dem *Campus,* einem mehrwöchigen partizipativen *Intensivworkshop,* gehen. Solche Formate lassen sich sowohl für die operative als auch die strategische Planung nutzen (Schönbohm 2015a, S. 71 ff.). Neben der Informationstechnik wird auch die innovative Sozialtechnologie eine Rolle in der Prozessoptimierung der Planung spielen können. Der Case für ein *Better Budgeting* scheint noch nicht abgeschlossen zu sein (Libby und Lindsay 2007, S. X).

Psychologie

Schlussendlich ist noch die Psychologie der Planung zu erwähnen. Neben dem Budgetary Slack (Lingnau und Dehne-Niemann 2015, S. 24 ff.), also dem bewussten Einbauen von Puffern in die Planung, wurde das Thema der mangelnden Ehrlichkeit der Teilnehmer im Budgetierungsprozess untersucht (Arnold 2007, S. 69 ff.). Ein relativ neuer Aspekt ist Gamification im Controlling: Hier wird der Planungs- und Kontrollprozess als die Game-Engine des Unternehmens(-spiels) angesehen und durch Spielmechaniken optimiert (Schönbohm 2018, S. 64 ff.). In diesem Zusammenhang können auch agile Planungs- und Kontrollmethoden wie Scrum als Spiele interpretiert werden (Schönbohm 2019, S. 1 ff.). Das Ziel, die Motivation und die Identifikation der Mitarbeiter durch die Interaktionsmuster zu stärken und so zu agilen und selbststeuernden Einheiten zu kommen, schließt auch wieder an Überlegungen aus dem Beyond Budgeting an (Pfläging 2015, S. 66 ff.). Bei allen Einsparmöglichkeiten darf nicht vergessen werden, dass die Planung und Budgetierung mit ihren spielerischen Feedback-Mechanismen einen wichtigen Motivationsrahmen für die Mitarbeiter setzen (Klein 1989, S. 150 ff.) und dass Änderungen an diesen subtilen Mechanismen der Planung auch die Herausforderungen, Motivation, Anreizsetzung, Fortschritte und den persönlichen und überpersönlichen Erfolg von Menschen beeinflussen. Diese Perspektive sollte im Hintergrund mitschwingen, auch und gerade wenn es um moderne technologische Lösungen für die Planung geht.

Bessere Planung durch neue Technologien? 3

3.1 Die Bedeutung von Software für den Planungsprozess

In jeder Überlegung zur Ausgestaltung und Optimierung der Planung spielt im Zeitalter der Digitalisierung auch die eingesetzte IT-Lösung eine entscheidende Rolle. Sollen Effizienz und Effektivität des Prozesses verbessert werden, so ist die Verwendung einer professionellen Planungssoftware essenziell. Durch entsprechende IT-Unterstützung, so die dahinterstehende Überlegung, werden Controller von Routinetätigkeiten (d. h. dem Sammeln und Verarbeiten von Daten) entlastet und haben dadurch die Möglichkeit, sich stärker auf wertstiftende und das Geschäft unterstützende Aufgaben (Entscheidungsunterstützung durch Ableitung von Handlungsempfehlungen) zu fokussieren.

Wenn ein Geschäftsprozess durch Software unterstützt werden soll, liegt die Diskussion nahe, ob Standard- oder Individualsoftware verwendet werden soll. Da die Gestaltung der Planung sehr stark vom Geschäftsmodell und von den Gegebenheiten des individuellen Unternehmens abhängig ist, kommt der Entscheidung über „Make" oder „Buy" besonderes Gewicht zu. Häufig mündet die Betrachtung in der Entscheidung, eine eigene Lösung aufzubauen. Bisher bedeutete „Make" dabei meist eine Abbildung in Microsoft Excel – zum Leidwesen der Controller. Mittlerweile hat sich der Trend jedoch gewandelt. Gerade größere Unternehmen setzen heutzutage spezialisierte Software für die Planung ein oder beabsichtigen, dies in naher Zukunft zu tun (Fuchs und Tischler 2016, S. 30 ff.).

Der Einsatz spezialisierter Software für die Planung zielt darauf ab,

T. Grund et al., *Unternehmensplanung im Zeitalter der Digitalisierung,* essentials, https://doi.org/10.1007/978-3-658-29929-3_3

- Prozessschritte zu automatisieren und damit den **Aufwand** zu reduzieren,
- Strukturen, Rechenlogiken, Erfassungsmasken und Schnittstellen zu standardisieren und dadurch die **Qualität** der Plandaten zu erhöhen,
- durch integrierte Analysewerkzeuge und transparente Berechnungsschritte die **Nachvollziehbarkeit** (und damit Akzeptanz) der Planung zu verbessern und
- den Planungsprozess durch Workflows besser zu **steuern.**

Aktuell ist eine Vielzahl derartiger Produkte am Markt erhältlich, auf die hier im Einzelnen nicht eingegangen werden kann. Die zugrunde liegenden Konzepte ähneln einander häufig, der Unterschied liegt meist in der Fokussierung auf bestimmte Branchen, vordefinierten Planungsinhalten oder der Art und Weise, wie Benutzer mit der Lösung interagieren („User Experience"). Der technologische Fortschritt der letzten Jahre hat allerdings CFOs und Controllern darüber hinaus eine Vielzahl neuer Möglichkeiten eröffnet – von der besseren Abbildung treiberbasierter Planung über die einfachere Nutzung statistischer Verfahren (z. B. Predictive Intelligence) bis hin zu flexiblerer Handhabung und höherer Benutzerfreundlichkeit. Erwartet wird auch hier eine weitere Verbesserung von Effizienz und Effektivität gegenüber dem Status quo.

Vor diesem Hintergrund liegt die Annahme nahe, dass der Verbreitungsgrad der neuen Angebote entsprechend hoch sein sollte. Die Realität ist jedoch eine andere – die neuen Softwarelösungen sind noch nicht flächendeckend in den Finanzabteilungen angekommen (Reimer et al. 2018, S. 24 f.). Dies ist häufig auf mangelndes Wissen über die Verwendung der neuen Tools zurückzuführen, in vielen Fällen auch schlicht und einfach auf das Fehlen von Projektressourcen. Die Tatsache, dass ca. 80 % von über 900 untersuchten Unternehmen aus 45 Ländern nachhaltige Verbesserungspotenziale im Bereich der Digitalisierung ihrer Querschnittsfunktionen aufweisen, trägt ein Übriges dazu bei (Roghé et al. 2018, S. 9). Da der Effizienz- und Kostendruck im aktuellen wirtschaftlichen Klima voraussichtlich auch das Controlling in stärkerem Maße betreffen wird (Essaides et al. 2019, S. 1 ff.), ist zu vermuten, dass sich der Verbreitungsgrad neuer Technologien und Lösungen für das Performance-Management in Zukunft erhöhen wird.

3.2   Die Evolution der softwaregestützten Planung

Spätestens mit dem Einzug des Personalcomputers (PC) in die Controllingabteilungen der Unternehmen in den 1980er Jahren gewann die elektronische Datenverarbeitung (EDV) an Bedeutung für die Unterstützung der Planung.

In den 90er Jahren des vergangenen Jahrhunderts setzte hier eine zunächst langsame, in letzter Zeit an Geschwindigkeit stetig zunehmende Entwicklung ein. Heute ist Software aus dem Planungsprozess nicht mehr wegzudenken.

Am Beginn dieser Entwicklung stand die Einführung von VisiCalc als erstem Tabellenkalkulationsprogramm (Lischka 2018). Erstmals wurden Controller in die Lage versetzt, eigenständig an einem Arbeitsplatzrechner in einer sinnvollen Struktur Zukunftswerte für Bilanz und Gewinn-und-Verlust-Rechnung zu erfassen und darzustellen. Diese Art der softwaregestützten Planung war damals bei Weitem nicht so fortgeschritten wie heutige Versionen von Microsoft Excel, die mit Tabellenkalkulationsprogrammen verbundenen Schwierigkeiten bestehen jedoch weiterhin: Die Datenerfassung und –verarbeitung erfolgt dezentral auf dem Computer jedes einzelnen Benutzers; es lässt sich nicht verhindern, dass Strukturen und Formeln im Prozessverlauf verändert werden, und die Zusammenführung sämtlicher Teilplanungen in einen Unternehmensplan verursacht in jeder Iteration einen entsprechenden Aufwand. Auch neue Lösungen wie Microsoft SharePoint oder Google Sheets, welche parallele Zugriffe mehrerer Benutzer auf dieselbe Datei ermöglichen, beheben diese Mängel nur bedingt.

Zentrale Datenbanksysteme bilden die nächste Entwicklungsstufe der Unterstützung von Planungsprozessen. Sie ermöglichen es mehreren Benutzern, online auf denselben Daten(be)stand und dieselbe Rechenlogik zuzugreifen. Von einer umfassenden, integrierten Planungslogik ist diese Lösung indessen noch weit entfernt, vielmehr dienen diese Systeme primär der Sammlung und Konsolidierung von Plandaten (Weber und Schäffer 2011, S. 280). Aufgrund der zentralen Definition von Strukturen und Rechenvorschriften ermöglichen solche Datenbanksysteme im Vergleich zur Tabellenkalkulation jedoch eine bessere Steuerung und Kontrolle der Datenerfassung. Ein weiterer Vorteil ist die Einführung einer semantischen Logik zwischen Daten (Zahlen) und Inhalten (Konten/Positionen), welche die Eingabe und Interpretation der Finanzkennzahlen weiter verbessert und die Voraussetzung für die weitere Automatisierung der Planung bildet.

Online-Analytical-Processing-(OLAP-)Systeme wiederum bieten im Vergleich zu relationalen Datenbanksystemen die Möglichkeit, in höherer Geschwindigkeit auf mehrdimensionale Geschäftsdaten zuzugreifen. Die Daten werden in multidimensionalen Datenstrukturen („Würfeln") organisiert, häufig innerhalb sogenannter Data-Warehouses. Den Konten und Kennzahlen des Planungsmodells werden dabei unterschiedliche Dimensionen zugewiesen, wie Produkte, Länder, Standorte oder Abteilungen. Dimensionen ihrerseits sind in Hierarchien unterteilt, nach welchen sich die Daten entsprechend aggregieren, visuell darstellen und auswerten lassen. Das Zusammenspiel der einzelnen Positionen und Teilmodelle wird wiederum durch erweiterte Rechenregeln beschrieben.

Die daraus gebildeten Modelle ermöglichen erstmals die Abbildung komplexerer Planungslogiken (Weber und Schäffer 2011, S. 280).

Als letzte historische Entwicklungsstufe vor den aktuell zur Verfügung stehenden Programmen ist die Einführung von Web-Applikationen zu sehen. Dabei handelt es sich nicht um neue Entwicklungen im Sinne der bisher vorgestellten Technologien, sondern vielmehr um eine andere Art, wie Software den Anwendern zur Verfügung gestellt wird. Wurde zuvor eine Anwendung als Programm lokal auf dem jeweiligen Computer installiert, wird nun über den Browser darauf zugegriffen. Der Wegfall der Programminstallation und regelmäßiger Versionsupdates auf den Computern der Benutzer reduziert dabei vor allem den Aufwand im IT-Betrieb. Mit der Weiterentwicklung der diesen Anwendungen zugrunde liegenden Technologien wie HTML und JavaScript ging ebenfalls eine Verbesserung der Benutzerfreundlichkeit („Usability") einher.

3.3   Welche Möglichkeiten stehen uns heute zur Verfügung?

Wenn heute über Planung und den Einsatz entsprechender Software gesprochen wird, fallen häufig die Begriffe „Big Data", „Predictive Analytics", „Cloud", „Künstliche Intelligenz"; auch die potenzielle Verwendung von Robotic Process Automation (RPA) ist hier zu nennen. Viele der eingesetzten Verfahren sind bereits seit Langem bekannt und verfügbar, sie halten jedoch erst in jüngerer Zeit Einzug in die Finanzabteilungen der Unternehmen, insbesondere, da heutige Softwarelösungen den Umgang mit diesen Verfahren stark vereinfachen und diese damit einer breiteren Masse von Anwendern zugänglich machen. Um dem Leser einen Überblick zu verschaffen, beschreiben und bewerten wir in diesem Kapitel die relevanten Methoden und Technologien.

Advanced Analytics
Unter dem Sammelbegriff „Advanced Analytics" werden Descriptive (Abfrage und Aggregation relevanter Daten aus großen Datenmengen), Predictive (Ermittlung von Zukunftswerten aus Daten) und Prescriptive Analytics (Bewertung der Auswirkung von Entscheidungen) zusammengefasst. Für die Planung von Nutzen sind insbesondere die letzten beiden, da sie dem Anwender finanzielle Kennzahlen in der Zukunft prognostizieren und darauf basierend sogar Handlungsvorschläge ableiten können.

Predictive Analytics basiert auf statistischen Verfahren aus dem Bereich der Zeitreihenanalyse, die auf Basis einer Vielzahl bestehender Daten die

Zusammenhänge und Trends der Vergangenheit „erkennen" und darauf basierend Prognosen über die Zukunft ableiten. Vereinfacht gesagt entwickelt ein statistisches Verfahren einen Vorhersage-Algorithmus, indem es Eingabedaten (z. B. Anzahl der Besucher eines Online-Shops innerhalb eines bestimmten Zeitfensters sowie die gleichzeitig in ihren Heimatorten herrschende Tageshöchsttemperatur) und Ergebnisdaten (z. B. Anzahl abgeschlossener Warenkörbe und deren durchschnittlicher Umsatz) miteinander in Zusammenhang bringt. In der Praxis ist dies ein langwieriger und aufwendiger Prozess. Ein Großteil der Zeit entfällt dabei darauf, sinnvolle Daten auszuwählen und für die Weiterverarbeitung vorzubereiten, d. h., sie zu standardisieren, Duplikate auszusortieren, fehlende Daten zu ersetzen usw. (Finlay 2014, S. 8 f.). Das resultierende Modell ist anschließend in der Lage, Beziehungen zwischen Temperatur und Einkaufsbereitschaft herzustellen und Prognosen über den zukünftigen Umsatz auf Basis der Wettervorhersage zu bilden.

Neben der Geschwindigkeit bei der Erstellung derartiger Prognosen haben statistische Verfahren einen weiteren entscheidenden Vorteil: Im Unterschied zum Menschen, der je nach Gefühlslage und Tagesform zu unterschiedlichen Schlussfolgerungen gelangen kann, bezieht der Algorithmus ausschließlich Fakten in seine Vorhersagen ein und ist konsistent in seinen Prognosen. Aus der Kombination von demselben Modell und den gleichen Daten wird sich stets die gleiche Vorhersage ergeben.

In der Planung lassen sich Zeitreihenanalysen einsetzen, um beispielsweise die Entwicklung des Basisgeschäfts automatisiert „vorhersagen" zu können. Auch im Bereich Forecasting kommt diese Methode zur Anwendung, häufig bezogen auf einzelne Kennzahlen wie Absatzmengen oder Umsätze. Allerdings basieren diese Ansätze darauf, dass Aussagen über die Zukunft rein auf Basis der Vergangenheit hergeleitet werden. Sobald sich das Unternehmensumfeld oder entscheidende Rahmenbedingungen verändern, muss die Verwendbarkeit bestehender Algorithmen neu bewertet werden.

Ein weiterer Einsatzbereich ist die Erstellung von Modellen für die treiberbasierte Planung: Mittels Kausalanalyse lässt sich ermitteln, welche (wenigen) Einflussfaktoren die größte Auswirkung auf finanzielle oder auch nichtfinanzielle Kennzahlen haben. Dazu werden eine Vielzahl möglicher Kombinationen und Einflussgrade in kürzester Zeit analysiert und die relevanten treibenden Größen identifiziert.

Einen Mehrwert für die Planung bieten zudem die Möglichkeiten von Prescriptive Analytics. Diese leiten aus unterschiedlichen Erwartungsszenarien eine optimale operative Entscheidung ab, basierend auf Kosten-Nutzen-Erwartungen und den entsprechenden Eintrittswahrscheinlichkeiten (Feindt und Grüßing 2014,

S. 181). Die Einsetzbarkeit dieser Verfahren sinkt, je volatiler das Geschäftsmodell oder der Markt werden, d. h., je unabhängiger die zukünftige Entwicklung von der Vergangenheit ist. Dennoch setzen Unternehmen auf diese Verfahren: Gemäß einer repräsentativen Studie erwarten 75 % der Teilnehmer eine steigende Relevanz in Planung und Forecast (Fuchs und Tischler 2019, S. 10 ff.).

Maschinelles Lernen
Kaum eine Diskussion zum Thema Digitalisierung des Finanzbereichs läuft heute ab, ohne dass die oben angeführten Schlagwörter genannt werden. Auf Fachtagungen werden Informatiker eingeladen, zum Thema zu sprechen – tiefergehende Berichte über die Anwendung der erwähnten Methoden mit eindeutigem Bezug zum Controlling bleiben in den allermeisten Fällen aus. Daher ist es hilfreich, zunächst festzuhalten, was unter den Begriffen zu verstehen ist.

Forscher der Fraunhofer-Gesellschaft beschreiben Künstliche Intelligenz als „ein Teilgebiet der Informatik mit dem Ziel, Maschinen zu befähigen, Aufgaben ‚intelligent' auszuführen" (Döbel et al. 2018, S. 8 ff.). Die Autoren fügen jedoch unmittelbar an, dass durch diese Begriffsbestimmung weder die Bedeutung von ‚intelligent' noch die einzusetzende Technik näher definiert werden. Maschinelles Lernen wiederum ist ein Teilgebiet der Künstlichen Intelligenz, das vom Branchenverband Bitkom definiert wird als „Verfahren, bei denen Computer-Algorithmen aus Daten lernen, beispielsweise Muster zu erkennen oder gewünschte Verhaltensweisen zu zeigen, ohne dass jeder Einzelfall explizit programmiert wurde" (Beins et al. 2017, S. 13). Algorithmen werden dabei auf unterschiedliche Weise trainiert. Überwachtes Lernen fußt auf den statistischen Verfahren Clustering und Regression und basiert auf vorgegebenen Paaren aus Eingabe- und Ausgabewerten und einer kontinuierlichen Überprüfung der Ergebnisse des Lernprozesses. Unüberwachtes Lernen setzt darauf, aus einer Vielzahl von unmarkierten Daten unbekannte Strukturen zu identifizieren (Frochte 2019, S. 20 ff.).

Für die Planung ergeben sich damit interessante Möglichkeiten: Algorithmen sind in der Lage, Ursache-Wirkungs-Ketten aufzuzeigen, entsprechende Hypothesen zu bestätigen (oder zu widerlegen) und sogar neue Hypothesen aufzustellen. So könnten beispielsweise Gründe für stärkere Kundenbindung ermittelt und Vorschläge für Maßnahmen gemacht werden, diese zu verbessern (Seufert und Treitz 2019, S. 28 ff.). Ein weiterer möglicher Einsatzbereich besteht in der Verbindung mit Empfehlungssystemen, wie sie von Diensten wie Amazon und Netflix bekannt sind. Kombiniert ein Algorithmus das Wissen über die verschiedenen Schritte, die ein Planungsnutzer im Prozess durchführt, mit weiteren Informationen (Abteilung, Jobbeschreibung usw.), so können darauf basierend vergleichbaren Anwendern in ähnlichen Situationen Vorschläge über bestimmte Detailauswertungen, Eingabemasken und Ähnliches gemacht werden.

Die Möglichkeiten, die mit den Methoden des maschinellen Lernens für das Controlling zur Verfügung stehen, sind interessant und vielfältig. Die Entwicklung derartiger Lösungen zur Unterstützung im Bereich der Finanzplanung und –prognose steht allerdings noch am Anfang.

Risikoadjustierte Planung

Gerade in einem unsicheren Unternehmensumfeld ist es sinnvoll, unterschiedliche Szenarien in der Planung zu berücksichtigen, im besten Fall ergänzt um eine Bewertung, mit welcher Wahrscheinlichkeit das jeweilige Szenario eintreten wird. Zu diesem Zweck wird die Methode der risikoadjustierten Planung eingesetzt, idealerweise in Verbindung mit einem treiberbasierten Planungsmodell.

Ziel dieser Methode ist es, ausgehend von den Eintrittswahrscheinlichkeiten der Eingangsgrößen der Planung (Werttreiber) Aussagen über das Risikoprofil abhängiger Kennzahlen (Top-KPIs) abzuleiten und damit Transparenz über Chancen und Risiken der betrachteten Planszenarien zu ermöglichen. Ein weiterer Anwendungszweck besteht darin, im Laufe des Planungsprozesses Planzahlen und Szenarien kritisch-konstruktiv zu hinterfragen, indem man diese mit den ermittelten Wahrscheinlichkeitskorridoren vergleicht.

Um die Eintrittswahrscheinlichkeit eines Kennzahlenwertes zu ermitteln, wird zunächst analysiert, von welchen stark schwankenden Werttreibern (Inputvariablen) eine Kennzahl abhängig ist, z. B. durch Korrelationsanalysen historischer Daten. Anschließend wird die Wahrscheinlichkeitsverteilung für jede dieser Variablen erhoben.

Für die Durchführung der risikoadjustierten Planung werden unterschiedliche Simulationsverfahren eingesetzt, von denen die Monte-Carlo-Simulation am bekanntesten ist. Dabei wird basierend auf der Wahrscheinlichkeitsverteilung eines Werttreibers in Zufallsexperimenten eine sehr hohe Anzahl möglicher Szenarien simuliert. Die mathematische Verknüpfung von Treibern und den abhängigen Kennzahlen im Modell ermöglicht es der Simulationssoftware, eine Wahrscheinlichkeitsverteilung ebenfalls für Top-Kennzahlen wie Umsatz und Ergebnis abzuleiten. Die zugrunde liegenden Konzepte sind seit Langem bekannt, durch den technologischen Fortschritt (→ In-Memory) und heute verfügbare Tools werden sie allerdings erst jetzt praktisch anwendbar, da sich die Berechnungszeiten für eine große Anzahl von Simulationsvorgängen mittlerweile stark reduziert haben und entsprechende Lösungen auch für breite Anwenderkreise ohne tiefer gehende Vorkenntnisse nutzbar sind.

In-Memory-Datenbanktechnologie

Der Unterschied zwischen In-Memory-Technologien und konventionellen Datenbanksystemen geht bereits aus der Bezeichnung hervor: Letztere speichern Daten auf Festplattensystemen, Erstere direkt im Hauptspeicher. Da im ersten Fall das Laden der für eine Rechenoperation notwendigen Datensätze wesentlich mehr Zeit kostet, müssen In-Memory-Datenbanksysteme per definitionem performanter sein. Zusätzlich erlaubt die Ablage von Daten im Hauptspeicher andere Zugriffsmuster als auf Festplatten, bei denen „springende" Zugriffe mit einem vergleichsweise hohen Aufwand verbunden sind. Moderne In-Memory-Datenbanksysteme legen die Datensätze in Spalten („Vektoren") ab. Dies ermöglicht im Vergleich zur zeilenorientierten Speicherung höhere Datenkompression und vor allem schnelleres Suchen, Filtern und Aggregieren von Datensätzen abhängig von ihren Attributen (Plattner und Leukert 2015, S. 17 ff.).

Wir halten fest: Planungslösungen, die auf In-Memory-Technologie basieren, haben einen entscheidenden Performance-Vorteil: Sie ermöglichen einen nahezu verzögerungsfreien Zugriff auf Plan- und Ist-Daten auch bei sehr großen Datenmengen. Dies verringert die Verarbeitungszeit z. B. bei der Konsolidierung bottom-up erstellter Einzelpläne signifikant. Der eigentliche Vorteil kommt jedoch erst bei der Einführung neuer simulationsbasierter Planungsansätze zum Tragen. Die Qualität von Budgetdurchsprachen steigt enorm, wenn direkt aus der Diskussion heraus Planprämissen angepasst werden können und die Ergebnisse unmittelbar danach vorliegen – ohne langwierigen Zeitversatz und unter Vermeidung von Informationsverlusten, wie sie z. B. bei der Weitergabe des Analyseauftrags in die Organisation entstehen. Nach demselben Prinzip können Planungs-Campus-Sitzungen oder Performance-Dialoge erstmals adäquat durchgeführt werden: Die schnelle Verarbeitungsgeschwindigkeit ermöglicht es den Teilnehmern, Planzahlen gemeinsam zu erarbeiten, da der Gedankenfluss nicht unterbrochen wird.

Software-as-a-Service

Software-as-a-Service (SaaS) und Cloud-Computing beschreiben keine vollständig neuen Technologien. Der Unterschied liegt zunächst im Betriebskonzept, da über die Cloud bezogene Softwarelösungen häufig nicht mehr auf eigenen Servern durch eigenes Personal verwaltet werden (zu den Begrifflichkeiten siehe Tab. 3.1).

Neben den Kostenvorteilen, die ein Betrieb in der Cloud verglichen mit dem eigenen Rechenzentrum bietet, spricht eine Vielzahl weiterer Gründe für die Einführung von Cloud-basierten Planungslösungen:

Tab. 3.1 Definition der gängigen Begriffe rund um das Thema Cloud

Begriff	Definition
On-Premise	Auf eigenen Servern innerhalb des Firmennetzes betriebene Anwendungen
Private Cloud	Virtuelle Infrastruktur, die entweder im eigenen Rechenzentrum durch Dritte verwaltet oder von Dritten in deren Data-Centern für ein Unternehmen betrieben wird (im zweiten Fall erfolgt der Zugriff über gesicherte Datenleitungen, sog. Virtual Private Networks)
Public Cloud	Die Software ist über das „freie Internet" für alle zugänglich, unterschiedliche Unternehmen „teilen" sich dieselben Server. Die eigenen (Unternehmens–) Daten sind über Benutzerzugänge und entsprechende Zugriffsrechte vor Fremdzugriff geschützt
Hybrid Cloud	Kombination aus Private und Public Cloud, bei der beispielsweise sensible Daten innerhalb einer Private Cloud bleiben und damit das Firmennetz nicht verlassen
Multi-Cloud	Kombination aus mehreren Public oder Private Clouds, die über Schnittstellen Daten untereinander austauschen

- Es liegt in der Natur des Planungsprozesses, dass in nur einigen Wochen bzw. wenigen Monaten im Jahr eine Vielzahl von Beteiligten daran arbeiten. Die Rechen-Performance gilt als eine der größten Herausforderungen bei bestehenden Lösungen – in der Cloud können Lastspitzen kurz vor Fertigstellung der Planung einfach abgedeckt werden (Fuchs und Tischler 2019, S. 10 ff.).

- Ein weiterer Vorteil ist die Geschwindigkeit, mit der Cloud-Lösungen ausgerollt werden können. Die entsprechenden Prozesse auf IT-Seite lassen sich auf ein Minimum reduzieren; neben Überlegungen zu Schnittstellen und ggf. einer zentralen Benutzerverwaltung müssen keine weiteren Kompatibilitäten geprüft werden. Die Installationszeit reduziert sich ebenfalls, denn eine Cloud-Lösung ist tatsächlich nahezu „auf Knopfdruck" verfügbar.

- Die Cloud wird im Hinblick auf zukünftige Trends in Planung und Performance-Management weiter an Bedeutung gewinnen: Um die den Verfahren der Künstlichen Intelligenz zugrunde liegenden Modelle und Algorithmen zu trainieren, bedarf es einer sehr hohen Rechenleistung und des Zugriffs auf eine große Menge an Daten. Die wenigsten Unternehmen werden in der Lage sein, die dafür benötigte Infrastruktur selbst aufzubauen und zu betreiben.

Auch wenn die meisten Hersteller von Planungssoftware ihre Produkte aktuell sowohl für den On-Premise-Betrieb als auch in der Cloud anbieten, gibt es bereits einzelne Tools, die ausschließlich in der Cloud verfügbar sind. Eine Fortsetzung dieses Trends ist daher auch auf Anwenderseite zu erwarten.

3.4 Unternehmen nutzen die neuen Technologien bisher noch nicht umfassend

Der technologische Fortschritt im Bereich Planungssoftware verspricht Vorteile; allerdings sind noch nicht alle aktuell verfügbaren Möglichkeiten gleich verbreitet, und der Durchdringungsgrad in Unternehmen bleibt noch hinter den Erwartungen zurück. Häufiger im Einsatz sind vor allem die rein technischen Ansätze wie SaaS (Cloud-basierte Software) und In-Memory-Datenbanken. Beim Thema In-Memory mag dies plausibel erscheinen, denn viele Softwareanbieter setzen aufgrund der oben beschriebenen Performance-Vorteile zunehmend auf diese Technologie, gerade in Verbindung mit simulationsbasierten Ansätzen.

Im Bereich Cloud ist das Bild etwas differenzierter, allerdings zeichnet sich auch hier ein klarer Trend ab. Während noch vor wenigen Jahren die Verantwortlichen im IT-Bereich SaaS-Lösungen für die Planung mit Argwohn betrachteten – bei den verarbeiteten Daten handelt es sich schließlich um sensible Informationen, welche die finanzielle Position des Unternehmens in der Zukunft beschreiben –, steigt der Anteil der Cloud-basierten Planungslösungen immer stärker an. In einer aktuellen Studie gaben 30 % der Befragten an, bereits eine Planungslösung in der Cloud zu betreiben oder dies zu beabsichtigen; 60 % können es sich zumindest vorstellen (Fuchs und Tischler 2019, S. 10 ff.).

Je größer der Einfluss eines neuen Planungsansatzes auf die Ausgestaltung des Prozesses und die Erstellung von Daten, desto höher ist derzeit die Skepsis aufseiten des Managements und der Anwender. Predictive Planning wird als einer der maßgeblichen Trends für die Optimierung der Planung gesehen, der produktive Einsatz ist jedoch noch gering. Die Mehrheit der Unternehmen steht erst am Anfang der Entwicklung, nur ein kleiner Teil von ihnen nutzt die Modelle bereits produktiv (Tischler et al. 2018 S. 4 f.).

Ein wichtiger Grund dafür ist der Mangel an notwendigen Kompetenzen (Schäffer und Weber 2017b, S. 59). Die Ursache dafür liegt auf der Hand: Während früher Planzahlen mit selbst erstellten Excel-Modellen berechnet wurden oder eine auf den Anwendungsfall Planung spezialisierte Standardsoftware von Experten auf die Anforderungen des Unternehmens hin implementiert wurde, erfordern Predictive-Ansätze nicht nur ein neues Verständnis des

Umgangs mit Daten, sondern auch neue Fähigkeiten. Insbesondere lassen sich die Ergebnisse eines Algorithmus nicht mathematisch nachvollziehen – somit verbleibt für viele Anwender der Eindruck einer „Blackbox". Ähnlich verhält es sich bei der risikoadjustierten Planung. Es sind vor allem Experten aus dem Bereich Risikomanagement, welche die zugrunde liegenden Konzepte beherrschen, in den gesamten Planungsprozess ist jedoch eine Vielzahl von Fach- und Führungskräften mit unterschiedlichen inhaltlichen Schwerpunkten eingebunden. Die Anwendung im Planungsprozess scheitert häufig am fehlenden Verständnis darüber, wie die Eintrittswahrscheinlichkeit eines bestimmten Umsatz- oder Ergebniswertes zu interpretieren ist und zur Entscheidungsfindung angewendet werden kann.

Wesentliche Ursachen für die fehlende Durchdringung neuer Lösungen und Technologien finden sich auch außerhalb der Controllingabteilungen. Zum einen mangelt es häufig an Kapazitäten im IT-Bereich, um die Einführung neuer Softwareprodukte zu unterstützen. Ein weiterer Grund ist in der unzureichenden Verfügbarkeit, Vergleichbarkeit sowie Qualität von Daten in den Unternehmen zu suchen. Dieser Umstand hindert Organisationen daran, sich stärker mit der Analyse von Ergebnissen zu beschäftigen, die aus den neuen Ansätzen gewonnen werden können. Noch immer wird ein Großteil der Zeit mit der Aufbereitung von Daten verbracht (Wittenburg 2019, S. 20 ff.). Unternehmen, die erfolgreich Initiativen zur Einführung neuer Technologien und Methoden im Controlling betreiben, haben dies erkannt und sich im ersten Schritt ausführlich mit der Aufbereitung ihres Datenbestands befasst.

3.5   Wie gelingt es, neue Ansätze und Lösungen zu etablieren?

In der Natur des Menschen liegt es, Ungewohntem zunächst mit einer gewissen Skepsis zu begegnen und am Bewährten festzuhalten – die Dinge wurden schließlich „schon immer so gemacht". Da die hier beschriebenen Methoden und Technologien die Herangehensweise an Planung und Steuerung häufig fundamental verändern, erfordern sie einen Kulturwandel in den betroffenen Abteilungen. Es empfiehlt sich daher, Projekte zur Einführung neuer Softwarelösungen und zur Umsetzung neuer methodischer Ansätze frühzeitig durch ein strukturiertes Change-Management zu begleiten. Dazu gehört ebenfalls, dezentrale Einheiten und Abteilungen frühzeitig in zentral gesteuerte Initiativen einzubeziehen (Hagl et al. 2018, S. 24 ff.). Die Veränderungen des Rollenprofils und der Anforderungen an die zukünftigen Kompetenzen der Controller in

Zusammenhang mit der Einführung neuer Technologien oder Lösungen müssen klar definiert und kommuniziert und die individuelle Entwicklung gefördert werden. Dabei sind die Controller selbst gefordert, die eigene Weiterbildung voranzutreiben und damit den Wandel aktiv (mit) zu gestalten (Schäffer und Weber 2017b, S. 57 ff.).

Erfolgreiche Initiativen werden durch das Topmanagement vorangetrieben oder verfügen zumindest über ein entsprechendes „Management-Buy-in". Zweck und Vorteile neuer Lösungen oder Methoden müssen deutlich kommuniziert werden, und es muss allen Beteiligten klar sein, welche Prozessschritte und –inhalte sich wandeln werden. Gerade bei der Einführung neuer Ansätze wie der treiberbasierten Planung oder Predictive Forecasts verändern sich erfahrungsgemäß der Detailgrad von zur Verfügung stehenden Informationen oder die absolute Nachvollziehbarkeit von Prognosen. Es empfiehlt sich daher, eindeutig festzuhalten, wie potenzielle Abweichungen im Zahlenwerk bewertet und diskutiert werden, welche (detaillierten) Rückfragen durch das Management in Budgetdurchsprachen erlaubt sind – und auf welche zukünftig verzichtet werden muss.

Letztlich hat es sich bewährt, neue Ansätze zunächst in kleinem Umfang aus-zuprobieren. Unter den Bezeichnungen „Pilotprojekt", „Proof-of-Concept" oder „Speedboat" lassen sich ressourcenschonend erste Erkenntnisse gewinnen. Dabei helfen gerade neue Cloud-Lösungen, da sie schnell und ohne entsprechenden IT-Aufwand für Testzwecke zur Verfügung stehen. Mit den ersten Erfolgen dieser Kleinstprojekte können im nächsten Schritt weitere Teams oder Einheiten für eine neue Herangehensweise begeistert und für die flächendeckende Umsetzung gewonnen werden. Dabei hat der aus den großen IT-Implementierungsprojekten der Vergangenheit bekannte Wasserfall-Ansatz ausgedient; aktuelle Initiativen setzen vermehrt auf agile Methoden, wie sie in der Softwareentwicklung bereits seit Längerem angewendet werden:

> „[Unsere] Teams [bauen] nicht den großen Elefanten, das dauert Jahre, bis der fertig ist. Sie bauen schnell eine Maus und lassen die einfach mal losrennen. Und wenn diese dann in die falsche Richtung läuft, wird dies schnell erkannt, gestoppt und es werden Lernerfahrungen für den nächsten Test gezogen. Dann bauen sie halt eine neue Maus." (Molitor 2015, S. 5).

Es wäre allerdings falsch, zu vermuten, bei diesem Ansatz würde ohne Plan drauflosgearbeitet – vielmehr erfolgt im Kreis der Stakeholder eine Ver-ständigung darüber, welche Projektziele angestrebt werden sollen, um dann in kleinen Schritten („Sprints") kontinuierlich und iterativ darauf hinzuarbeiten. Ein wesentlicher Vorzug dieses Ansatzes liegt zudem darin, dass das Unternehmen als solches offener für Veränderung gemacht wird – eine Fähigkeit, die aus Sicht vieler Experten insbesondere aus den Finanzabteilungen heraus entwickelt werden kann (Schäffer und Weber 2017b, S. 57 ff.).

Moderne Planung und Budgetierung – eine Diskussion mit der Praxis

4.1 Vorbemerkungen zur Praxisdiskussion

Alle Theorien und IT-Systeme zur Planung bleiben grau und wirkungslos, wenn sie nicht den Weg in die Praxis finden. Im folgenden Abschnitt legen vier Experten aus der Praxis ihre Sicht dar, die in einem strukturierten gemeinsamen Telefoninterview aufgenommen wurde.

Hierin wird einleitend der jeweilige Status quo der Planungspraxis vorgestellt, um dann über wahrgenommene Probleme und Defizite des Planungsprozesses zu sprechen. Anschließend diskutieren die Experten die Frage, welche Form des Aufbruchs in neue Planungswelten die richtige ist, und widmen sich den Herausforderungen und Erfolgsfaktoren für eine nachhaltige Umsetzung. Schlussworte der Experten, in denen sie Perspektiven auf die weitere Entwicklung der Unternehmensplanung für die kommenden Jahre entwickeln, runden das Praxisbild und zugleich dieses Kapitel ab.

Die Gesprächsteilnehmer waren:

- Dr. Ali Arnaout (Senior Vice President & CFO, AIDA Cruises, und CIO, Costa Group)
- Nico Köllner (Finance Director, E.ON B2B Solutions)
- Ingo A. Mueller (Managing Director, Bereichsleitung Group Planning & Controlling Treasury Commerzbank)
- Stephan Pierer (Head of Finance, Digital Services Siemens Healthineers)

T. Grund et al., *Unternehmensplanung im Zeitalter der Digitalisierung*, essentials, https://doi.org/10.1007/978-3-658-29929-3_4

4.2   Status quo der Planung

▶ Herr Dr. Arnaout, für viele deutsche DAX-wie mittelständische Unternehmen spielt das Thema Planung seit jeher eine herausragende Rolle. Welche Bedeutung hat die Planung für Sie als CFO der AIDA Cruises?

Dr. Ali Arnaout: Ich würde es, lehrbuchartig für AIDA Cruises und für unsere ganze Gruppe, wie folgt definieren: „Planung ist prospektives Denkhandeln." Damit ist sie eine absolut erfolgskritische Kernfunktion der Führung im Unternehmen, getrieben durch ein paar Besonderheiten unserer Industrie. Sie wissen ja, dass wir als Kreuzfahrtreederei signifikante Beträge in Schiffe investieren. Diese Schiffe haben bei uns eine geplante Abschreibungsdauer von 30 Jahren. Der Einsatz derartiger Assets als Basis unseres Produkts, nämlich des Reiseerlebnisses für unsere Gäste, setzt genaueste und langfristige Planung voraus. Entsprechend macht für mich als CFO der Zyklus aus strategischer Planung, Schiffsneubauplanung, Investitionsplanung und operativer Planung den Hauptteil meiner Tätigkeit aus.

▶ Herr Pierer, Herr Köllner, wie werden im Vergleich die (Finanz-) Planungen bei Siemens und E.ON gelebt?

Stephan Pierer: Bei uns im Haus verfolgen wir eine eher traditionelle „Bottom-up"-Planung. Dabei hat die Planung einen hohen Stellenwert in der Unternehmenssteuerung – auf der einen Seite stehen strategische Perspektiven, auf der anderen Seite die operative Umsetzung von Maßnahmen und Strategien. Der Rahmen, in dem eine einzelne Einheit unterjährig agieren kann, wird über das Budget definiert und dient dann auch als verbindliche Vorgabe.

Nico Köllner: Das handhaben wir sehr ähnlich. Die Planung ist zentrales Bindeglied zwischen Strategie und operativer Umsetzung. Auch bei uns ist der Stellenwert der Planung sehr hoch.

▶ Herr Mueller, Finanzunternehmen schauen oft ja nochmals anders auf die Welt als das produzierende und verarbeitende Gewerbe. Können wir uns den Planungsprozess bei der Commerzbank dennoch ähnlich vorstellen?

Ingo A. Mueller: Wir starten das Jahr mit dem Strategieprozess, an den sich der Finanzplanungsprozess anschließt. Bevor wir mit dem Prozess starten, führen wir ein Baselining durch. Das heißt, wir schauen uns an, was im abgelaufenen Jahr im Vergleich zum ursprünglichen Plan passiert ist. Was haben wir erreicht bzw. was wurde eben nicht erreicht? Am Anfang steht dann eine strategische Diskussion, in der wir auf die volkswirtschaftlichen Rahmenbedingungen und die Wettbewerbssituation schauen. Aus dieser Diskussion heraus werden die wesentlichen strategischen Stoßrichtungen abgeleitet und die Ziele für den gesamten Konzern festgelegt. Basierend auf der aktuell gültigen Mittelfristplanung, die wir für vier Jahre festlegen, leiten wir dann die Top-down-Targets für die einzelnen Geschäftseinheiten ab. Wichtig ist dabei: Wir verfolgen strikt das Prinzip der direkten Verantwortung für jedes Target, wir haben also zu jedem finanziellen Ziel eine dedizierte Ressortverantwortung im Konzern.

▶   Herr Pierer, Herr Mueller, wie bereits von Ihnen erwähnt gibt es kaum eine Planung ohne „Top-down"-Elemente zur Zielsetzung sowie „Bottom-up"-Bestandteile zur Validierung und Detaillierung. Wie verbinden Sie diese Sichten in Ihrer Planung konkret?

Pierer: Der Prozess beginnt mit der Festlegung von Planungsprämissen auf unterschiedlichen Ebenen der Organisation. Aus der Kapitalmarktperspektive bzw. aus der strategischen Planung des Unternehmens werden Ziele im Sinne eines Target-Settings abgeleitet. Diese Ziele werden auf die einzelnen Einheiten heruntergebrochen und kommuniziert. Mit den Prämissen und Vorgaben beginnen dann die Bottom-up-Planung und die Ausgestaltung der Mengengerüste. Die entstandenen Einzelpläne werden entlang der Organisationshierarchie immer weiter verdichtet in Volumenabschätzungen, die in Werksplanungen oder in Ressourcenplanungen für Supportfunktionen übergehen. Der Abgleich zwischen der Bottom-up-Planung und der Top-down-Erwartung erfolgt in wiederkehrenden Review-Prozessen, bis die Planung letztendlich vom Aufsichtsrat für den Konzern freigegeben wird.

Mueller: Einen Prozess aus Top-down- und Bottom-up-Bestandteilen halte ich ebenfalls für essenziell. Gerade in großen Unternehmen ist es nicht zielführend, sich bottom-up im Detail zu verlieren und am Ende keinen Überblick mehr zu haben. Viel wichtiger ist es, vorab strategische Leitplanken, strategische Ziele festzulegen und diese unter unterschiedlichen Marktbedingungen bzw.

volkswirtschaftlichen Rahmenbedingungen mit finanziellen Größen zu unterlegen. Allerdings ist es auch wichtig, in einem zweiten Schritt bottom-up von den Experten in den einzelnen Einheiten unseres Unternehmens – salopp gesagt – dagegentreten zu lassen und diese Ziele verifizieren zu lassen. Oft ist ein Ziel vielleicht aus ganz bestimmten Gründen überzogen oder eben nicht ambitioniert genug. Wir sind in unserer Planung aber so flexibel, dass wir im Laufe des Planungsprozesses Ziele anpassen, wenn sie realistisch nicht umsetzbar sind.

▶ Die Planung wird oft als Instrument wahrgenommen, um eine gegebene Strategie umzusetzen. Herr Köllner, inwieweit sollte der Prozess der Planung nicht die eigentliche Strategiedefinition erst ermöglichen?

Köllner: Meines Erachtens muss Strategie immer zuerst da sein und auch auf anderen Elementen aufbauen als eine reine Finanzplanung. Die Planung muss die Strategie dann in ein solides Finanzgerüst übersetzen. Sie kann natürlich ein Aufsatzpunkt für das Ambitionsniveau der Strategie sein, kann und darf diese aber keinesfalls ersetzen. Planung ist zudem immer auch eine Standortbestimmung. Ich muss regelmäßig überprüfen, inwieweit ich überhaupt noch in der Lage bin, mittelfristig meine Ziele zu erreichen, und ob diese noch zu meinen langfristigen Ambitionen passen. Die Planung ist ein Lackmustest für die Wirtschaftlichkeit der Strategie.

▶ Zumeist wird die Planung bzw. das Budget gleichzeitig als Absprung für die Incentivierung verwendet. Wie bewerten Sie diesen Umstand, Herr Pierer?

Pierer: Aus meiner Sicht ist eine Trennung zwischen Incentivierung und Budgetierung wichtig, denn in der Praxis kommt es durch deren Verknüpfung zu starken Verhaltenssteuerungen. Es wird konservativ geplant, indem Reserven in die Planung eingebaut werden, um sicher zu sein, dass die Ziele erreicht werden können. Zudem basiert eine Planung auf Prämissen, die lange vor Geschäftsjahresbeginn getroffen wurden und in stark zyklischen Geschäften deutlich von der aktuellen Realität abweichen können. Dies führt zu einer Zielerreichung, die nicht unbedingt die operative Stärke des Managements widerspiegelt, wenn es zum Beispiel darum geht, Maßnahmen zu definieren, um kurzfristig auf Marktveränderungen zu reagieren.

▶   Wie handhaben Sie diesen Aspekt bei AIDA Cruises, Herr Dr. Arnaout?

Dr. Arnaout: Bei uns hingegen ist das Thema Ergebnisanreiz in der gesamten Unternehmenskultur, in der gesamten Führungs- und Steuerungslogik sehr ausgeprägt und die Incentivierung ganz stark an die Bottomline-Performance der Brands, der Gruppe und auch der gesamten Corporation gebunden. Wir haben eine durchkaskadierte Zielvereinbarungslogik, die wir im Moment sogar horizontal weiter ausbauen, indem wir den Scope der involvierten Mitarbeiterinnen und Mitarbeiter zum Beispiel schiffseitig verbreitern. Wir sehen nicht, dass diese sehr konsequente und starke Kopplung dysfunktionale Auswirkungen auf die Planung hat. Im Gegenteil, ich erlebe seit einigen Jahren eine sehr klare und sehr bereinigte Sicht auf die Planung, auf das Anspruchsniveau und unsere Diskussion beim Target-Setting.

Köllner: Bei uns wird es ähnlich gelebt. Es ist gerade in einem großen Unternehmen sinnvoll, wenn die Leistungsversprechen auf allen Ebenen über eine konsistente Finanzplanung abgegeben werden und das Budget für das nächste Jahr auch in den jeweiligen Zielen verankert ist. Das schafft Verantwortlichkeit und Konsistenz und ist aus meiner Sicht auch notwendig, um das Finanzgerüst hinterher so zu führen, dass auch das gewünschte Ergebnis dabei herauskommt. Natürlich gilt es innerhalb dieser Vorgabe relevante operative Ziele zu setzen und gerade in volatileren Geschäftsfeldern auch auf veränderte Rahmenbedingungen zu reagieren. Dies gelingt aber auch, ohne die grundsätzliche Verknüpfung von Planung und Zielen aufzugeben.

Pierer: Ich glaube, dass das in der Tat sehr stark industriebedingt ist. Wenn ich in einer Branche aktiv bin, die relativ gut vorhersehbar ist, und ich aus einem starken Auftragsbestand agiere, dann kann ich auch klare Vorgaben machen. Wenn ich aber in einem Geschäftsumfeld bin, das sehr unsicher ist und stark von makroökonomischen Rahmenbedingungen beeinflusst wird, dann bin ich sozusagen Opfer der Prämissen, die ich vor einem Jahr getroffen habe. Bei einigen Siemens-Einheiten wird schon seit vielen Jahren das Modell des „Continuous Improvement" angewandt. Hier ist nicht das Budget Absprungbasis für das Ziel des kommenden Jahres, sondern das Ist des Vorjahres. Das ist eine objektive Zielgröße, die den langfristigen und kontinuierlichen Erfolg des Unternehmens in den Vordergrund stellt anstelle eines selbst gesteckten Budgetziels.

4.3   Defizite von heute – Möglichkeiten von morgen

▶   Das Thema Planung tangiert, wie wir von Ihnen – Herr Mueller –
     gehört haben, eine Vielzahl von Stakeholdern im Unternehmen. Wie
     zufrieden sind denn die wesentlichen Stakeholder bei der Commerz-
     bank mit dem aktuellen Planungsprozess?

Mueller: Generell erfüllt unser aktueller Planungsprozess alle Anforderungen
der internen Stakeholder, das heißt von Vorstand und Aufsichtsrat, und natürlich
auch alle externen Anforderungen des Regulators, der Bankenaufsicht und des
Wirtschaftsprüfers. Wir befinden uns dabei natürlich in einem Spannungsfeld.
Das Management möchte einen schlankeren, schnelleren Planungsprozess, der
idealerweise auch noch viel weniger Ressourcen bindet. Auf der anderen Seite
haben wir den Regulator, der am liebsten noch mehr Details hätte. Diese beiden
Positionen gilt es sinnvoll zusammenzubringen. Wir haben uns für dieses Jahr
vorgenommen, den Prozess effizienter zu gestalten, indem wir die Möglichkeiten
der Digitalisierung nutzen und uns neue Tools anschauen. Wir brauchen einen
unterstützenden Prozess, der diese beiden Sichten besser vereint, den nötigen
Detailgrad liefert und gleichzeitig möglichst effizient ist.

▶   Wenn CFOs und Nicht-Finanzabteilungen heute an Planung denken,
     fallen tatsächlich oft die Begriffe „langsame Prozesse", „unnötige
     Ressourcenbindung", „Zahlen, die morgen schon überholt sind":
     Warum hat die Planung so einen schlechten Ruf?

Pierer: Planungsprozesse sind schlichtweg sehr komplex. Aus meiner Sicht
leidet die Planung unter einer Pseudo-Genauigkeit, das heißt, ich versuche,
jedes Detail so genau wie möglich zu planen, und komme in der Aggregation zu
wenig sinnvollen Ergebnissen. Man muss den richtigen Spagat finden zwischen
Detailinformationen und pauschalen Annahmen, damit das Management richtig
agieren kann. Ein weiterer Aspekt ist, dass wir uns häufig nur darauf fokussieren,
die bestehende Planung effizienter zu gestalten. Das führt dann dazu, dass man
über die Anzahl der zu planenden KPIs, Review-Schleifen oder zu erstellenden
PowerPoints spricht. Verstehen Sie mich nicht falsch: Effizienz ist ein wichtiger
Aspekt, aber wir müssen uns viel mehr Gedanken über die Qualität der Planung
machen. Das Ergebnis der Planung ist oft nicht geeignet, um das Geschäft
effektiv zu steuern, indem wir faktenbasiert Maßnahmen definieren und auf dieser
Basis Entscheidungen treffen.

> Gleichzeitig ist das wirtschaftliche Umfeld vieler Unternehmen komplexer und volatiler geworden, auch im Kundengeschäft der neuen E.ON. Ist die Planung, so wie sie heute mehrheitlich gelebt wird, dann überhaupt noch zeitgemäß?

Köllner: Die Planung wird immer dynamischer werden müssen. Entscheidungsrelevante Daten müssen immer mehr ganz automatisch aus den operativen Prozessen bereitgestellt werden, um so ohne wesentlichen Mehraufwand den qualitativen Dialog zwischen Entscheidungsträgern zu ermöglichen, der Grundlage der Planung sein muss. Wir sind heute in der Breite allerdings noch nicht in der Lage, auf derart konsistente Datenpools zuzugreifen und diese entsprechend flexibel zu verarbeiten und zu nutzen. Vielmehr bedarf es immer wieder starker Eingriffe in diese Prozesse sowie intensiver manueller Datenaufbereitung, um die Grundlagen für die Planung zu schaffen.

Dr. Arnaout: Dem kann ich nur beipflichten. Wir müssen es schaffen, die notwendige Reagibilität für unser Geschäft sicherzustellen. Unsere Kunden entscheiden sich mit einem beträchtlichen Vorlauf für eine Reise mit uns. Das ist ein sehr großer Vorteil, da ich zwischen Kaufentscheidung und Reisebeginn einen Vorlauf habe, der mehrere Monate beträgt. Wir haben daher eine ziemlich hohe Planungsgenauigkeit auf Jahresbasis. Das ist eine Herausforderung für uns, und deswegen setzen wir auch auf eine extrem stark automatisierte Planungs- und Forecasting-Funktionalität unserer Systeme, um auf unvorhergesehene Ereignisse und Marktveränderungen reagieren zu können. Das können zum Beispiel Wetterereignisse oder politische Veränderungen sein. Wir müssen imstande sein, den Effekt auf unseren Forecast sofort zu quantifizieren, um in Echtzeit auf die Nachrichtenlage reagieren zu können und ein Schiff auch mal umzudisponieren.

Mueller: Auch wir wollen zukünftig viel stärker auf die Möglichkeit setzen, im Verlauf eines Planungsprozesses mittels „What-if"-Szenarien schnell auf die finanziellen Auswirkungen von Entscheidungen zuzugreifen. Unser für die letztjährige Planung eingesetztes Tool unterstützt die schnelle Auswertung von solchen Szenarien noch nicht. Wir werden dieses Jahr mit einem neuen Tool den Prozess der „What-if"-Szenarien ausbauen und weiter optimieren. Wir werden allerdings den Planungsprozess nicht komplett revolutionieren. Aufgrund der erwähnten Stakeholder-Anforderungen für die Commerzbank wird der existierende Prozess in ähnlicher Weise weitergelebt werden müssen.

Pierer: Ich glaube, eine der größten Schwierigkeiten ist, dass wir immer noch so planen wie vor 10 oder 20 Jahren, obwohl sich die Organisationsformen seitdem stark verändert haben. Unternehmen sind aus meiner Sicht deutlich komplexer geworden, es gibt mehr Spezialisten-Abteilungen, in denen Funktionen gebündelt wurden, um bestimmte Prozessschritte zu optimieren. In der Konsequenz haben wir weniger Durchgängigkeit in der Verantwortung. Das macht eine Bottom-up-Planung deutlich komplexer, als sie es in der Vergangenheit war. Auf der anderen Seite beobachten wir eine zunehmende Volatilität in unseren Märkten, es gibt keine „normalen" Zyklen mehr. Insofern müssen wir, wie bereits gesagt wurde, deutlich flexibler denken und die Planung weiterentwickeln – wir sind hier noch zu langsam.

▶ Da Sie Flexibilität ansprechen: Traditionelle ERP-Systeme bilden nun ja weiterhin oft das Rückgrat der Planung. Inwieweit müssen wir auch da umdenken?

Pierer: Im Grunde haben wir hier das gleiche Problem. ERP-Systeme, gerade in Großkonzernen, sind viel zu mächtig, um dynamisch auf neue Anforderungen zu reagieren. Deswegen sind wir im Finance-Bereich gegenüber anderen Funktionen mit der Digitalisierung gefühlt einen Schritt hintendran, da wir neue Anwendungsfälle nicht schnell umsetzen können. Hier müssen wir unsere Denkweise ändern und alternative Lösungen erarbeiten, um in einer qualitativ hochwertigen und dennoch flexiblen Form an die relevanten Daten zu kommen. Nur so können wir besseres Controlling oder bessere Planung wirklich realisieren.

▶ In anderen Unternehmensbereichen, zum Beispiel der Produktion, schaffen Automatisierung und Digitalisierung tatsächlich bereits nachhaltig und erwiesen Wert. Was sind aus Ihrer Sicht die wesentlichen technologischen Entwicklungen, die auch die Finanzplanung des nächsten Jahrzehnts prägen werden?

Dr. Arnaout: Wir alle profitieren von der Technologie, die sich uns heute anbietet. Ich finde, für Finanzer, für Planer, für Controller herrschen heute traumhafte Umstände, da mittlerweile Systeme, Architekturen und Werkzeuge zur Verfügung stehen, von denen ich vor 25 Jahren als junger Controller nur geträumt hätte. Ein Beispiel: Wir haben vor einiger Zeit eine treiberbasierte Planungssoftware eingeführt. Die rollen wir im Unternehmen nun stetig aus und machen sie sichtbar. Das Feedback ist durch die Bank positiv. Daneben sind Artificial

Intelligence und gerade auch Machine Learning Dinge, die wir natürlich auch ausprobieren.

Pierer: Es ist wichtig, sich von der aktuell verfügbaren Technologie und von neuen Tools inspirieren zu lassen. Unsere herkömmliche Planungssoftware ist in der Realität nichts anderes als ein Hilfsmittel zur Datenaggregation, mit dem dezentral, offline erstellte Pläne in der Organisation zusammengetragen und aggregiert werden. Was wir aber brauchen, sind Tools, die sich beispielsweise statistischer Verfahren bedienen, mit denen ich einen Algorithmus in ein Planungsergebnis überführen und dieses effizient in den Planungsprozess einspeisen kann. Das genannte Beispiel zur treiberbasierten Planung lässt sich in Excel für ein größeres Unternehmen nicht mehr abbilden. Hierzu benötige ich ein performantes Tool, welches mir ermöglicht, Treiberbäume zu modellieren, diese automatisiert in einen Finanzplan zu überführen und entsprechend zu visualisieren.

Dr. Arnaout: Eine kurze Ergänzung dazu: Die Tatsache, dass ich neben meiner Rolle als CFO auch die Verantwortung als CIO innehabe, bringt mir im Alltag sehr viele Vorteile. In meiner Rolle als CIO habe ich mich intensiv mit dem Thema Datenstrategie beschäftigt, mit Informationsversorgungskonzepten für das Unternehmen, datenbasierten Entscheidungen, die letztendlich ja auch viel mit dem Planungsprozess zu tun haben. Aus dieser Rolle habe ich viel einfacher die Möglichkeit, Veränderungen anzustoßen, die dann auf der Nutzerseite für ein offenes Ohr sorgen. Insbesondere dann, wenn es uns gelingt, neue Werkzeuge anzubieten und von heute auf morgen zu zeigen, wie sinnvoll und performant neue Technologien sein können.

4.4   Der Weg in die Planung und Budgetierung von morgen

▶ Für viele Unternehmen mag sich das alles nach einer Mammutaufgabe anhören. Wo startet man da am besten? Wie gehen Sie zum Beispiel bei E.ON den Weg zur neuen Planung an?

Köllner: Der Finanzbereich nimmt hier natürlich eine Führungsrolle ein. Über die kommerzielle Transparenz und die enge Einbindung in alle wesentlichen Entscheidungsprozesse sind wir Impuls- und Taktgeber. Der offene und ständige

Dialog mit unseren Stakeholdern ist dabei essenziell; wichtig ist es dabei, das Feedback ernst zu nehmen und in Veränderungen entsprechend zu berücksichtigen. Wir haben zum Beispiel im Managementdialog zur Planung für uns festgestellt, dass es an der Zeit ist, etwas Neues auszuprobieren. Aus diesem Impuls haben wir das „Campus-Konzept" für uns entdeckt und umgesetzt. Allerdings erfolgt die Umsetzung solcher Themen dann weniger top-down, ohne „Big Bang" – dabei gehen zu viel Zeit und Ressourcen verloren. Unsere Erfahrung ist, dass uns die Umsetzung besser gelingt, wenn wir auf Piloten setzen und neue Ansätze zunächst im kleineren Kreis testen. Wenn daraus dann Erfolgserlebnisse resultieren, man damit Begeisterung innerhalb der Organisation wecken kann und auch die nötige Unterstützung erhält, dann sind solche umfassenden Änderungen leichter auszurollen. Mich würde interessieren, ob Sie da bisher anders vorgegangen sind, Herr Dr. Arnaout.

Dr. Arnaout: Nein, ich sehe es genauso wie Sie. Das Prinzip ist immer: Starte sofort und verbessere laufend – ohne „Big Bang". Natürlich gibt es Entscheidungen, die man auch im großen Kontext treffen muss. Aber wenn es darum geht, zu lernen, zu befähigen und vielleicht erst einmal den Appetit einer Organisation anzuregen, dann suchen und finden wir zunächst erfolgversprechende Einsatzgebiete. Wir zeigen dem Business dann, wie das Neue funktioniert, daraus entsteht ein Sogeffekt, und dann geht ein Rollout auch viel leichter vonstatten.

Mueller: In der Commerzbank gehen wir ähnlich vor. Ein derartig komplexes Vorhaben jahrelang zu planen und dann zu versuchen, es mit einem Schlag einzuführen – konzernweit bis in die kleinste Verästelung –, ist nicht zeitgemäß. Wir stehen gerade davor, ein neues Tool für die Planung zu implementieren. Das werden wir in zwei Schritten machen, wobei wir dieses Jahr in Schritt 1 zunächst mit zwei Bereichen beginnen und im Hintergrund die bisherige Lösung parallel weiterlaufen lassen. Als Bank sind wir nun mal stark sicherheitsgetrieben. Wenn sich die neue Lösung bewährt hat, werden wir anschließend den gesamten Konzern in Schritt 2 vollständig umstellen.

▶   Können Sie sich denn wirklich gar keine Situationen vorstellen, in denen ein Big-Bang-Ansatz vorteilhaft erscheint?

Dr. Arnaout: Sagen wir einmal so: Wir haben kürzlich eine Reorganisation gemacht, um unsere Arbeitsweise im Finanzbereich und unseren „Werkzeugkasten" zu modernisieren. Dazu haben wir Kompetenzen zusammengezogen und ein Team von Leuten geformt, die sich mit diesen Ansätzen und Lösungen aus-kennen. Das ging über die Bildung eines „Labs" hinaus; denn das Team hatte einen klaren Auftrag: uns diese Themen näherzubringen, beizubringen, sie umzu-setzen. Das hat für mich durchaus den Charakter eines „Big Bang", da an ver-schiedenen Stellen im Unternehmen bereits Projekte laufen, in denen wir nun all diese Technologien nutzen.

Köllner: Was wir dabei einfach nicht vergessen dürfen, ist, dass wir auf diesem Weg unsere Mitarbeiterinnen und Mitarbeiter im Controlling auch entsprechend mitnehmen müssen. Da findet ja auch eine Veränderung der Rolle des Einzel-nen statt: Die „Storytelling"-Fähigkeit muss viel besser werden, die Analyse muss tiefer und vorausschauender werden, ebenso muss die Begeisterung für IT-Themen steigen. Als Controller oder Finanzer muss ich meine Systeme und Tools künftig noch viel selbständiger und umfassender bedienen können und gleichzeitig noch frühere, stärkere kommerzielle und strategische Impulse setzen.

Dr. Arnaout: Ich stimme Ihnen da komplett zu. Wir haben uns hier einen Drei-satz an Begriffen angewöhnt: „Wollen, Können und Dürfen". Wenn es um die Digitalisierung geht, gerade im Finanzbereich, dann müssen die Mitarbeiter das zunächst selbst wollen. Sie müssen es aber auch können, das heißt, man muss sie befähigen, man muss sie ausbilden. Wir haben einen großen Schulungs-, Trainings- und Weiterentwicklungsbedarf, da sich das Profil und die Arbeitsweise schon heute deutlich von dem klassischen Stellenprofil eines Controllers vor fünf oder zehn Jahren unterscheiden. Der dritte Aspekt ist das Dürfen; damit meinen wir: Haben wir den richtigen Rahmen gesetzt, die richtigen Spielregeln auf-gestellt? Ist die Governance auch allen klar? Die Entwicklung geht sehr stark in Richtung eigenverantwortliches Arbeiten, eigenverantwortliches Analysieren. Das haben wir manchmal unterschätzt. Jeder stimmt am Anfang erst einmal zu: „Ja, ich bin offen für neue, digitale Arbeitsweisen." Allerdings wissen die meisten gar nicht konkret, was das für sie im Alltag bedeutet. Da werden wir zukünftig sogar noch mehr tun. Wir haben beispielsweise ein Kulturwandelprogramm begonnen, planen eine „School of Analytics", um die Mitarbeiterinnen und Mitarbeiter in die neuen Denkweisen mitzunehmen. Als Organisation ist das mit echter Kraftan-strengung verbunden.

Mueller: Wir haben bei der Einführung einer neuen Reporting-Lösung zuletzt auch die Erfahrung gemacht, dass es wahnsinnig wichtig ist, alle betroffenen Mit-arbeiter mitzunehmen. Das gilt explizit auch für das Management. Ich stimme Herrn Dr. Arnaout vollständig zu: Man muss die Mitarbeiter befähigen, mit neuen

Lösungen arbeiten zu können. Ein sehr wichtiger Baustein ist, dass Mitarbeiter Veränderungen auch wollen. Sonst kann diese Ablehnung schnell zu Misserfolgen führen.

▶ Braucht es dann entsprechend Backing durch das Topmanagement, um erfolgreich umsetzen zu können? Oder ist dies überbewertet?

Köllner: Ganz ohne Backing durch das Management geht es nicht. Ich möchte hier aber differenzieren. In einer Organisation, in der die Mitarbeiter die Themen wirklich selbständig initiieren und vorantreiben dürfen, ist das „Backing von oben" über die Arbeitskultur de facto gegeben. Wenn es die Firmenkultur also zulässt, dann kann Veränderung auch entstehen, ohne dass man für jedes Thema einen spezifischen Managementsponsor benötigt.

▶ Herr Pierer, wie sehen Sie das?

Pierer: Zu sagen „Ich brauche nur das Backing vom Topmanagement, und dann bin ich mit diesen Projekten erfolgreich" ist zu einfach. Die Unterstützung des Managements allein wird nicht dazu führen, dass jedes Projekt automatisch ein Riesenerfolg wird. Der Erfolg erfordert vor allem harte Arbeit und sorgfältig ausgewählte Teams von Anwendern und Technologieexperten, die in intensiven Workshops und Diskussionen Methoden und Prozesse weiterentwickeln. Das Ergebnis dieser Arbeit muss dann dem Management in einer Form präsentiert werden, in der es sich wiederfinden kann. Nur so steigt auch das Vertrauen in das neue System. Darauf können die Teams aufbauen und die Methoden immer weiter verfeinern.

▶ Nun müssen Sie, Herr Dr. Arnaout, in einem sehr asset-intensiven Geschäft – wie beschrieben – weit im Voraus planen. Welche der neuen technologischen und digitalen Möglichkeiten haben Sie denn bereits erprobt?

Dr. Arnaout: Das Hauptthema bei uns ist die Automatisierung und Standardisierung. Wir bauen gerade ein Reporting-Center für das Standardberichtswesen auf. Aus unserer Sicht muss das Standardberichtswesen automatisiert funktionieren. Kurz gesagt ist das eine Commodity, die ich im Controlling ausschließlich dafür benötige, um darauf basierend besser forecasten zu können. Das bedingt allerdings die Notwendigkeit einer stärkeren Konvergenz der Finanzfunktionen Accounting, Finance, Reporting und Controlling. Beim

Thema „treiberbasierte Simulation" sind wir bereits gut aufgestellt. Wir haben unser Geschäftsmodell in einem Treibermodell abgebildet und das in einem neuen Tool umgesetzt. Wir können gemeinsam mit den Fachbereichen und mit der Unternehmensleitung auf die Leinwand schauen und in Echtzeit simulieren und uns eine Meinung bilden. Das ist ein Managementstil, den gab es bei uns zwar schon immer, er wird nun allerdings mit den richtigen Werkzeugen unterstützt. Wir können jetzt noch performanter arbeiten und den Fokus stärker auf die inhaltlichen Themen lenken.

▶   Herr Mueller, der Regulator setzt hier ja vergleichsweise enge Rahmen. Was konnten Sie innerhalb dieses Rahmens bereits testen?

Mueller: Ein gutes Beispiel ist unser Bereich BDAA, „Big Data and Advanced Analytics". Hier nutzen wir bereits Predictive Analytics und statistische Verfahren im Rahmen der Kundenansprache, um den Vertrieb zu unterstützen, sehr schnell in der Lage zu sein, genau das anzubieten, was die Kundin oder der Kunde möchte. Im Finanzbereich sind wir noch nicht ganz so weit, auch wenn wir in der Vergangenheit, gerade was die Datengranularität und –integrität angeht, große Fortschritte gemacht haben. Wir sind aktuell genau am Übergang von einer oft expertenbasierten Planung auf eine wirklich werttreiberbasierte Planung. AIDA Cruises ist da sicher etwas mutiger, wir als Bank waren hier bis dato noch eher konservativ unterwegs.

Dr. Arnaout: Wir haben auch ein einfacheres Produkt. Bei uns ist so etwas, glaube ich, viel leichter umzusetzen.

Mueller: Da stimme ich Ihnen zu. Bei uns sind die Dinge vermutlich etwas vielschichtiger.

▶   Welche Möglichkeiten möchten Sie, Herr Köllner, dauerhaft einsetzen?

Köllner: Für uns stand in den letzten zwei Jahren der Dialog an erster Stelle. Der Wert der Planung entsteht nicht daraus, dass man so viele Daten wie möglich sammelt, sondern dass die richtigen Leute im richtigen Setup miteinander sprechen und die richtigen unternehmerischen Entscheidungen getroffen werden. Das kommt leider häufig zu kurz. Deshalb haben wir den bereits erwähnten „Planungs-Campus" eingeführt. Anstelle von sehr starren Einzelgesprächen schließen sich nun die relevanten Stakeholder und Geschäftsverantwortlichen für zwei Tage an einem Ort ein und diskutieren eng die vorher definierten wichtigsten

Brennpunkte. Somit kondensieren wir den Prozess der Planungsabstimmung und schaffen gleichzeitig einen stärkeren Buy-in. Zudem verbessern wir die Planungsqualität insgesamt und schaffen dazu noch ein Forum zum Austausch zwischen den verschiedensten Beteiligten, der wiederum zu neuen Ideen und engerer Bindung führt. So wird Planung zu mehr als reiner Zahlenabstimmung.

▶ Der operative Weg zu einer modernen Planung umfasst ja mindestens zwei Aspekte: Änderungen von Prozessen sowie die eigentliche Implementierung neuer Tools und Software. Was sollte hier zuerst erfolgen?

Mueller: Das geht aus meiner Sicht nur parallel; das haben wir auch für die Umstellung der Planung, die wir dieses Jahr starten, so vorgesehen. Wir werden versuchen, die Einführung eines neuen Tools mit einer behutsamen Prozessänderung einhergehen zu lassen. Dabei ist der Buy-in aller Ebenen und aller Beteiligten in diesen Prozess, wie eben schon gesagt wurde, sehr wichtig. Dazu stellen wir allen Beteiligten so viele Informationen wie möglich zur Verfügung.

Dr. Arnaout: Ich kann das nur bestätigen. Es macht keinen Sinn, einen alten Prozess unverändert in einem neuen Tool, in einem neuen Werkzeug abzubilden. Ich würde immer versuchen, zu optimieren und wertschöpfende und nicht wertschöpfende Arbeitsschritte und Teilprozesse laufend zu überprüfen. Anders gesagt, sehe ich die Einführung einer neuen Lösung, ohne die Arbeitsweise und die Abläufe und die Prozesse infrage zu stellen, als ziemliche Verschwendung von Chancen an. Das merken ja auch die Mitarbeiter; das ist für sie dann eher „alter Wein in neuen Schläuchen".

4.5 Herausforderungen und Erfolgsfaktoren für eine nachhaltige Umsetzung

▶ Nun hört es sich so an, als müssten Sie als Unternehmen nur auf den immer schneller fahrenden Zug der neuen Möglichkeiten aufspringen. Welche wesentlichen Herausforderungen stehen dem zusammenfassend denn dann doch noch im Weg?

Pierer: Lassen Sie mich so anfangen: Wir haben für unsere Transformationsprogramme festgestellt, dass es immer zunächst einer Vision bedarf. Wenn ich mir anschaue, was wir unseren Kunden als Vision verkaufen, dann sind das beispielsweise digitale Zwillinge von Produkten, von Fabriken und Prozessen oder sogar von Patienten. Ich bin überzeugt, dass sich dieses Konzept auch für die Planung überführen lässt. Was wir dafür schaffen müssen und was zugleich die größte Herausforderung ist, ist eine Integration von vorausschauenden Modellen, Werttreiberanalysen und „Cause-Effect-Relationship"-Darstellungen in ein integriertes Datenmodell. Ich spreche also von selbstoptimierenden, geschlossenen Performance-Management-Modellen, in denen ich zeitnah relevante Daten aggregieren kann, Ist-Daten in Planungsmodelle zurückspiele und dann eine permanente Überprüfung und Feinjustierung von Maßnahmen und Aktivitäten vornehme.

▶   Was hält uns davon in der Praxis ab?

Pierer: Nun, wir sind davon schlicht noch sehr weit entfernt: Wir müssen erstens unsere Hausaufgaben beim Datenmanagement machen. Es gibt zwar sehr viele Daten im Unternehmen, diese liegen allerdings nicht in der benötigten Qualität vor, um sie automatisiert in Modelle mit Künstlicher Intelligenz zu füttern. Zweitens sehe ich eine große Lücke zwischen den Wirkungsketten in der strategischen Planung und der Art und Weise, wie wir dann im Ist das operative Geschäft steuern. Solange da eine Lücke besteht, fällt es mir natürlich auch schwer, diesen permanenten Zyklus zu schließen. Letztlich braucht es selbstredend auch die bereits erwähnte Akzeptanz für neue Technologien. Jemandem, der jahrelang selbst ein Geschäft mit Bauchgefühl und Erfahrung geleitet hat, fällt es sehr schwer, einem aus dem System kommenden Forecast „blind" zu vertrauen und ihn zu übernehmen.

▶   Das hört sich tatsächlich nach einer großen Aufgabe für die gesamte Organisation an. Wie vereinbaren Sie, Herr Köllner, derartige Projekttätigkeiten mit den Anforderungen des Geschäftsalltags?

Köllner: Für mich lässt sich eine solche Transformation nicht vom Tagesgeschäft trennen. Sie muss vielmehr währenddessen und kontinuierlich stattfinden. Ich denke, da spreche ich für die Runde, dass wir unseren Job als Führungskräfte nicht anständig machen, wenn wir diese Veränderungsprozesse nicht als unsere ständige Aufgabe verstehen. Es ist wichtig, die laufenden, arbeitsintensiven Peak-Prozesse im Finanzbereich mit den Mitarbeitern vorausschauend zu planen. Gleichzeitig muss ich aber für die Projektarbeit klare, realistische Meilensteine setzen. Wir müssen vermeiden, dass eine Blockade entsteht durch ein Gefühl, alles in kürzester Zeit bewältigen zu müssen. Nur so kann wirklich die notwendige Begeisterung entstehen. Das ist aber natürlich nicht immer einfach, und – sind wir ehrlich – das misslingt auch mal.

Dr. Arnaout: Auch wir haben ein sehr intensives Tagesgeschäft und häufig zusätzlich Ereignisse, die Repriorisierungen erfordern. Daher ist es wichtig, eine mittel- bis langfristige Vision für ein Vorhaben aufzuzeigen und diese seinen Führungskräften und auch den Mitarbeitern im Finanz- und Controlling-Bereich vorzustellen und zu erklären. Den Sinn und diese Vorgehensweise transparent zu besprechen, sich Zeit zu nehmen und sich klare Ziele zu setzen hat es uns ermöglicht, den Fokus nicht zu verlieren – auch wenn dann mal etwas dazwischenkommt.

▶ Oft sind es ja die kleinen Dinge, die oft vergessen werden, die dann aber kulturbildend sind und eine Umsetzung forcieren. Welche Erfahrungen haben Sie da gemacht, Herr Mueller?

Mueller: Sie müssen vor allem den Kontext deutlich machen: Es braucht einen klaren Umsetzungsplan, das wurde ja bereits genannt. Dazu das Abarbeiten kleiner Schritte, regelmäßige, feste Termine im Kalender, effektives Nachhaken bei allen beteiligten Stakeholdern auf unterschiedlichen Ebenen. Zu einer erfolgreichen Umsetzung gehört auch, „nach oben" immer wieder Zwischenerfolge zu zeigen. Am Ende ist es wichtig, ein solches Vorhaben im Team konsequent durchzuziehen. Sonst haben wir immer die Gefahr, dass das Tagesgeschäft als Ausrede herangezogen wird. Wie Herr Köllner eben richtig sagte: Irgendein Abschluss muss ja immer fertig werden.

Dr. Arnaout: Ich sehe das ähnlich. Ich drücke da in einer wichtigen Phase lieber einmal mehr aufs Gaspedal und erhöhe den Druck. Danach freuen wir uns alle, dass die Phase mit Erfolg abgeschlossen werden konnte.

▶ Dafür müssen Sie natürlich auch die richtigen Mitarbeiter mit den richtigen Arbeitsweisen und Kompetenzen an Bord haben. Digitales Arbeiten und die Entwicklung digitaler Produkte und Lösungen unterscheiden sich teilweise signifikant von traditionellen Herangehensweisen. Wie gehen Sie, Herr Dr. Arnaout, in diesem Zusammenhang das Thema Recruiting an?

Dr. Arnaout: Wir gehen da relativ klassisch vor, müssen uns allerdings breiter und sicher auch lauter aufstellen. Das hat auf der einen Seite mit unserem starken Wachstum zu tun, aber auch mit unserem Standort in Rostock, wo wir bereits größter Arbeitgeber im Bundesland sind. Es erfordert dort einfach deutlich mehr und überregionale Kraftanstrengungen, inklusive Kooperationen mit Hochschulen. Wir brauchen den frühen Zugang zu den Talenten, um die wir in dieser Runde uns wahrscheinlich alle bemühen. Wir müssen die neuen Mitarbeiter richtig in unser Unternehmen einführen und ihnen unsere Kultur näherbringen. Nur dann erfüllen wir auch die hohe Erwartungshaltung dieser Talente, die ein sehr modernes Arbeitsverständnis und ein digitales Mindset mitbringen.

Mueller: In der Tat sitzen wir da alle im selben Boot. Auch wir als Commerzbank haben da verschiedene Programme aufgelegt. Mit unserem Trainee-Programm speziell für unseren „Digital Campus" rekrutieren wir Kandidaten mit speziellen, digitalen Profilen direkt von den Universitäten. Zeitgleich müssen wir aber auch sicherstellen, dass sich unsere heutigen Mitarbeiter weiterbilden. Dazu haben wir zum Beispiel ein Programm aufgelegt, mit dem wir Führungskräften, die dem Digitalen vielleicht nicht so nahestehen, jeweils einen „Digital Native" an die Seite stellen, der die Führungskraft für eine gewisse Zeit täglich durch die unterschiedlichsten digitalen Themen führt.

Köllner: Es ist ja leider auch so, dass man mit dem Thema Controlling außerhalb der Finanzfunktion häufig niemanden wirklich hinter dem Sofa hervorlockt. Das Vorurteil der faden Zahlen und Reports existiert noch an vielen Stellen. Wir müssen dieses Image auch intern verändern und viel mehr auf Durchlässigkeit aus anderen Bereichen setzen. Zum Beispiel bieten wir aktiv „Job Swaps" und Leihen auf Projektbasis an. So ermöglichen wir es Controllern beispielsweise, andere Funktionen und das operative Business besser kennenzulernen. Dies erhöht dann nach der Rückkehr die Akzeptanz und den Mehrwert des Finanzers für das Geschäft. Umgekehrt können auch Kolleginnen und Kollegen aus anderen Abteilungen die Finanzfunktion kennenlernen. So verbreitern wir die Fähigkeiten des Einzelnen und verdrahten unsere Talente besser. Der Finanz- und Controlling-Bereich bietet eine einmalige Perspektive aufs Geschäft und echte Chancen, das Unternehmen nachhaltig kommerziell zu prägen. Das bietet natürlich auch interessante Karrierechancen.

4.6   Schlusswort aus der Praxis

▶ Wir haben nun viel sowohl über den Status quo wie auch die Möglichkeiten der kurz- und mittelfristigen Zukunft gesprochen. Gleichzeitig haben wir viel über Ihre jeweiligen Rahmenbedingungen und
durchaus geteilten Herausforderungen gesprochen. Wenn Sie es
abschließend zusammenfassen: Wie sieht die Planung für Sie in fünf
Jahren aus?

Dr. Arnaout: Wir werden mit den modernsten Werkzeugen und Systemen planen, die der Markt uns zu bieten hat, mit einem hohen Automatisierungsgrad. Die Planung wird nicht mehr als ein notwendiger Prozess gesehen, den die Finanzorganisation dem Unternehmen abverlangt, sondern als ein vollintegrierter und natürlicher Führungsprozess aller Manager im Unternehmen.

Köllner: Lassen Sie es mich etwas salopper formulieren: In fünf Jahren macht die Planung einfach mehr Spaß als heute, weil sie dann insbesondere über interessante und ausgezeichnete unternehmerische Dialoge passiert. Diese Dialoge werden gestützt durch ad hoc verfügbare Daten, die bereits durch Künstliche Intelligenz voranalysiert sind, sodass man direkt in die wesentlichen Fragestellungen einsteigen kann. Diese Planung hilft dann noch stärker, das Geschäft sinnvoll nach vorne zu entwickeln. Sie ist dynamischer und liefert schnellere und vor allem bessere Ergebnisse.

Pierer: Dem kann ich mich nur anschließen. Wir sollten uns nicht damit zufriedengeben, dass die Planung lediglich eine genaue Projektion der Zukunft abbildet. Vielmehr geht es darum, dem Management Handlungsalternativen aufzuzeigen und Unterstützung bei der Entscheidungsfindung zu leisten. Um dies zu erreichen, ist mein Ziel für die nächsten Jahre der weitere Ausbau von Predictive Analytics und Simulationen für die Planung.

Mueller: Da bleibt mir, als Letztem in der Reihe, kaum noch etwas hinzuzufügen. Meine Überzeugung aber ist, dass wir in einigen Jahren einen effizienten, ressourcenschonenden Planungsprozess haben, der maximale Möglichkeiten zur Unterstützung der Entscheidungsfindung im Unternehmen bietet.

Fazit und Ausblick 5

Ziel dieses Beitrags war es, das Spannungsfeld zwischen neuen (technologischen) Möglichkeiten auf der einen und den teilweise existierenden Grenzen in der Praxis auf der anderen Seite zu diskutieren.

Hierfür sind wir einführend auf aktuelle betriebswirtschaftliche Entwicklungen rund um die Planung eingegangen. Wir haben dargelegt, dass Planung bereits seit Jahrtausenden den Versuch darstellt, Unsicherheit in koordinierte Handlungsanweisungen zu überführen. Ohne effektive Planung wird es einer Finanzfunktion nicht gelingen, performanceorientierte Kontrolle auszuüben und durch zeitnahes Adjustieren der Maßnahmen und Methoden Wert zu schaffen.

Im zweiten Abschnitt haben wir die Bedeutung von Software für den Planungsprozess von heute und in der Zukunft behandelt. Vielfältige Möglichkeiten prägen die IT- und Softwarelandschaft der Unternehmen bereits heutzutage. Zwar wird der Mehrwert neuer Technologien oft durchaus erkannt, doch bleibt der Durchdringungsgrad in den Unternehmen in vielen Fällen noch hinter den Erwartungen zurück.

Unsere Diskussion mit vier Experten aus der Praxis hat dieses Spannungsfeld vielfältig exploriert. Die Experten schauen optimistisch in die Zukunft. Sie gehen von einer Anpassung des organisatorischen und instrumentellen Rahmens aus, sodass ihre Unternehmen von den Chancen moderner Planung profitieren.

T. Grund et al., *Unternehmensplanung im Zeitalter der Digitalisierung*, essentials, https://doi.org/10.1007/978-3-658-29929-3_5

Was Sie aus diesem *essential* mitnehmen können

- Eine strukturierte Einführung, wie sich die Unternehmensplanung angesichts erhöhter Unsicherheiten verändern muss.
- Transparenz darüber, welche theoretischen Grundlagen und Prämissen bei der Weiterentwicklung der Unternehmensplanung zu berücksichtigen sind.
- Einen Überblick, wie und in welcher Weise neue Technologien eine bessere Planung ermöglichen können.
- Einblicke, wie Experten aus der Praxis mit aktuellen Herausforderungen und Chancen in der Unternehmensplanung umgehen.

Literatur

Ariely, D., Bracha, A., & Meier, S. (2009). Doing good or doing well? Image motivation and monetary incentives in behaving prosocially. *American Economic Review, 99*(1), 544–555.

Arnold, M. C. (2007). Experimentelle Forschung in der Budgetierung – Lügen, nichts als Lügen? *Journal für Betriebswirtschaft, 57*(2), 69–99.

Becker, S. D., & Goretzki, L. (2015). Unsicherheiten effizient managen. *Controlling & Management Review, 2015*(SH 1), 36–41.

Beins, K., et al. (2017). *Künstliche Intelligenz. Wirtschaftliche Bedeutung, gesellschaftliche Herausforderungen, menschliche Verantwortung.* Berlin: Bundesverband Informationswirtschaft, Telekommunikation und neue Medien (Bitkom) e. V.

Buchbinder, F. (1978). Das Budget als Eingangsgröße für Budgetpolitik. *Budgetpolitik* (S. 100–102). Wiesbaden: Gabler.

Cabello Eras, J. J., Santos, V. S., Sagastume Gutiérrez, A., Alvarez Guerra Plasencia, M., Haeseldonckx, D., & Vandecasteele, C. (2016). Tools to improve forecasting and control of the electricity consumption in hotels. *Journal of Cleaner Production, 137,* 803–812.

Döbel, I., et al. (2018). *Maschinelles Lernen. Eine Analyse zu Kompetenzen, Forschung und Anwendung.* München: Fraunhofer-Gesellschaft.

Doerr, J. (2018). *Measure What Matters. OKRs: The Simple Idea that Drives 10× Growth.* London: Penguin.

Ehlken, J., & Neumann-Giesen, A. (2015). Idee, Nutzen und Anwendung der Campus-Planung. *Controlling & Management Review, 2015*(SH 1), 48–53.

Epstein, R., Witzemann, T., & Schröckhaas, B. (2015). Gestaltungsprinzipien für einen erfolgreichen Zielsetzungsprozess im Rahmen der Unternehmensplanung. *Controlling, 27*(2), 89–95.

Essaides, N., Willman, T., & O'Connor, J. (2019). *2019 CFO agenda: Building next-generation capabilities.* London: The Hackett Group.

Feindt, M., & Grüßing, D. (2014). Strategische Entscheidungen mit automatisierten Prognosen operativ umsetzen. In *Controlling und Big Data. Anforderungen, Auswirkungen, Lösungen* (S. 177–190). Freiburg, München: Haufe Gruppe.

© Der/die Herausgeber bzw. der/die Autor(en), exklusiv lizenziert durch Springer Fachmedien Wiesbaden GmbH, ein Teil von Springer Nature 2020
T. Grund et al., *Unternehmensplanung im Zeitalter der Digitalisierung,* essentials, https://doi.org/10.1007/978-3-658-29929-3

Finlay, S. (2014). *Predictive analytics, data mining and big data. Myths, Misconceptions and Methods*. London: Palgrave Macmillan.

Fisher, J. (1995). Contingency-based research on management control systems: Categorization by level of complexity. *Journal of accounting literature, 14*, 24–53.

Flath, T., et al. (2015). Mit Simulationen Mehrwerte schaffen. *Controlling & Management Review, 2015*(SH 1), 82–89.

Frochte, J. (2019). *Maschinelles Lernen: Grundlagen und Algorithmen in Python*. München: Hanser.

Fuchs, C., & Tischler, R. (2016). *Integrierte Unternehmensplanung. Reifegrad deutschsprachiger Unternehmen*. Würzburg: BARC GmbH.

Fuchs, C., & Tischler, R. (2019). *Moderne Planung und CPM – Wie Unternehmen von der Cloud profitieren*. Würzburg: BARC GmbH.

Hagl, K., et al. (2018). Planen mit werttreiberbasierten Simulationen. *Controlling & Management Review, 62*(5), 24–32.

Heylighen, F., & Joslyn, C. (2001). Cybernetics and second-order cybernetics. *Encyclopedia of physical science & technology, 4*, 155–170.

Hope, J., & Fraser, R. (2003). *Beyond budgeting*. Boston: Harvard Business School Press.

Jensen, M. C. (2001). Corporate budgeting is broken, let's fix it. *Harvard Business Review, 79*(10), 94–101.

Lingnau, V., & Dehne-Niemann, T. E. (2015). Budgetary Slack – Auf den Fokus kommt es an. *Controlling & Management Review, 2015*(SH 1), 24–31.

Lischka, K. (2018). Excel-Urahnen haben sich verrechnet. Spiegel Online. https://www.spiegel.de/netzwelt/tech/30-jahre-visicalc-excel-urahnen-haben-sich-verrechnet-a-537755.html. Zugegriffen: 21. Sept. 2019.

Kieser, A. (1997). Rhetoric and myth in management fashion. *Organization, 4*(1), 49–74.

Klein, H. J. (1989). An integrated control theory model of work motivation. *The Academy of Management Review, 14*(2), 150–172.

Libby, T., & Lindsay, R. M. (2007). Beyond budgeting or better budgeting? *Strategic Finance, 89*(2), 46–51.

Mäder, O. B. (2015). Den Planungsprozess optimieren. *Controlling & Management Review, 2015*(SH 1), 8–15.

McKinsey, J. O. (1923). *Budgetary control*. New York: Ronald Press.

Molitor, A. (2015). Rennmäuse. https://www.brandeins.de/magazine/brand-eins-wirtschaftsmagazin/2015/geschwindigkeit/rennmaeuse. Zugegriffen: 28. Sept. 2019.

Müller, D. (2019). Grundlagen des Investitionscontrollings. *Investitionsrechnung und Investitionscontrolling* (2. Aufl., S. 71–151). Springer Gabler: Berlin.

Pfläging, N. (2015). Controlling dynamikrobust und frei von Budgets. *Controlling & Management Review, 2015*(SH 1), 66–75.

Plattner, H., & Leukert, B. (2015). *The in-memory revolution: How SAP HANA enables business of the future*. Cham: Springer.

Reimer, M., Schäffer, U., & Weber, J. (2018). *Zusammenarbeit zwischen Controlling und IT-Bereich – Schlüssel zum Erfolg in Zeiten der Digitalisierung?* Vallendar: WHU – Otto Beisheim School of Management.

Roghé, F., et al. (2018). What to do when support functions aren't ready for digital. https://www.bcg.com/en-gb/publications/2018/what-when-support-functions-are-not-ready-for-digital.aspx. Zugegriffen: 17. Sept. 2019.

Schäffer, U., & Weber, J. (2015). Budgetierung semper formanda. *Controlling & Management Review, 2015*(SH 1), 3.

Schäffer, U., & Weber, J. (2017a). *Die Zukunftsthemen des Controllings. Ergebnisse der dritten WHU-Zukunftsstudie 2017.* Vallendar: WHU – Otto Beisheim School of Management.

Schäffer, U., & Weber, J. (2017b). Persönliche Überlebensstrategien für Controller im Zeichen der Digitalisierung. *Controlling, 29,* 57–59.

Schäffer, U., & Weber, J. (2018). *Digitalisierung ante portas. Controlling, 30*(2018), 4–11.

Schönbohm, A. (2005a). Reflexives Controlling – Rationalität und Revolution unternehmerischer Wirklichkeit in der Postmoderne, Dissertation, Lohmar: Josef Eul.

Schönbohm, A. (2005b). Controlling – zur Geschichte einer Dienstleistung an Entscheidungsträgern. Schriften zum Produktionsmanagement Nr. 74, Dienstleistungskolloquium am 21.04.2005, TU Kaiserlautern, 27–47.

Schönbohm, A. (2015c). Gamification im strategischen controlling. *Der Business Model Check. Controllermagazin, 40,* 71–74.

Schönbohm, A. (2018). Ludic Control – Entwurf eines hedonischen Controllingsystems. In L. Nadig & U. Egle (Hrsg.), *Konferenzband der CARF Luzern 2018 Controlling. Accounting. Risiko. Finanzen* (S. 64–74). Zug: Verlag IFZ.

Schönbohm, A. (2019). Digitale Kulturtransformation mit Scrum im Siemens-Schaltwerk Berlin. In Schönbohm, A. (Hrsg.), Digitalkultur – Facetten digitaler Transformation, Stahnsdorf, S. 1–19 (Gratis-Download: https://www.ludeo.de/ludeo-kultur/).

Seufert, A., & Treitz, R. (2019). Künstliche Intelligenz für das Controlling – Eine zukunftsweisende Lösung? *IS-Report, 2*(2019), 28–31.

The Boston Consulting Group. (2017). How digital CFOs are transforming finance. https://www.bcg.com/de-de/publications/2017/function-excellence-how-digital-cfo-transforming-finance.aspx. Zugegriffen: 28. Febr. 2020.

Tiedemann, M. (2019). Machine Learning Methoden – Ein Überblick. https://www.alexanderthamm.com/de/artikel/machine-learning-methoden-ein-ueberblick-teil-1-3/. Zugegriffen: 21. Sept. 2019.

Tischler, R., et al. (2018). *Predictive Planning and Forecasting hebt die Unternehmensplanung auf die nächste Stufe.* Würzburg: BARC GmbH.

Van Assen, M. F., Hans, E. W., & Van de Velde, S. L. (2000). An agile planning and control framework for customer-order driven discrete parts manufacturing environments. *International Journal of Agile Management Systems, 2*(1), 16–23.

Weber, J., & Schäffer, U. (2011). *Einführung in das Controlling* (13. Aufl.). Stuttgart: Schäffer-Poeschel.

Wittenburg, G. (2019). Wissen ist Macht – Die Weiterentwicklung der Finanzfunktion mittels Künstlicher Intelligenz. *REthinking Finance, 1*(2019), 20–23.